Dans la même collection

Ma sœur, ma rivale

Elizabeth Benning

Traduit de l'anglais par
DENISE CHARBONNEAU

Les éditions
Héritage inc.

Données de catalogage avant publication (Canada)

Benning, Elizabeth

Ma soeur, ma rivale

(Un jour à la fois)
Traduction de : My sister, My Sorrow.
Pour les jeunes de 12 à 14 ans.

ISBN 2-7625-8049-8

I. Titre. II. Collection.

PZ23.B455Ma 1995 j813'.54   C95-940934-3

My Sister, My Sorrow
Copyright © 1993 Bebe Faas Rice et Daniel Weiss Associates, Inc.
Conception graphique de la couverture : Copyright © Daniel Weiss
Associates, Inc.
Publié par HarperPaperbacks, une division de HarperCollins*Publishers*

Version française
© Les éditions Héritage inc. 1995
Tous droits réservés

Dépôts légaux : 3e trimestre 1995
Bibliothèque nationale du Québec
Bibliothèque nationale du Canada

ISBN : 2-7625-8049-8   Imprimé au Canada

LES ÉDITIONS HÉRITAGE INC.
300, rue Arran, Saint-Lambert (Québec) J4R 1K5
(514) 875-0327

À mon mari, dont les qualités éclairent ma vie.

CHAPITRE 1

Le jour de mon quatorzième anniversaire, mon oncle Édouard a dit la pire chose qu'il pouvait dire.

— Cette Jasmine ira loin, a-t-il lancé. Elle a ce qu'on appelle l'étoffe d'une étoile.

Je m'appelle Isabelle. Mon oncle Édouard ne parlait donc pas de moi. Jasmine, celle qui a l'étoffe d'une étoile, c'est ma sœur. Ma très belle, ma parfaite sœur. Une rose sans épines, un diamant sans défaut.

Jasmine a trois ans de plus que moi et, d'aussi loin que je me souvienne, elle a toujours fait l'admiration de tout le monde. Prends cette fête d'anniversaire, par exemple. Toute la famille était réunie autour de la grande table de la salle à manger, se délectant de crème glacée et de gâteau. J'étais le point de mire, pour une fois. On m'avait chanté « Chère Isabelle, c'est à ton tour… », j'avais soufflé toutes les bougies d'un coup et on avait porté des toasts à mon avenir glorieux. Ma tante Florence avait même fait remarquer que je commençais à ressembler à ma grand-mère Martin, la mère de mon père. Son commentaire m'avait flattée car, apparemment, ma grand-mère était très jolie dans sa jeunesse.

Je baignais donc dans le bonheur parfait avant que mon oncle Édouard décide de mettre son grain de sel.

Le pire, dans tout ça, c'est que Jasmine est vraiment comme une étoile qui brille dans le ciel. Je l'ai toujours su, même si jusque-là je ne pouvais pas nommer le phénomène.

Mon oncle Édouard ne s'est pas arrêté là. Il a ajouté qu'il venait juste de voir la comédie musicale *Evita*, dans laquelle Eva Perón, se voyant destinée à faire la renommée et la fortune de l'Argentine, se lance dans une chanson qui décrit sa montée vers la gloire et clame que tout le monde n'a qu'à bien se tenir parce qu'elle a, tu l'as deviné, l'étoffe d'une étoile !

— En voyant ce personnage, a enchaîné mon oncle, j'ai aussitôt pensé à Jasmine : elle a ce petit quelque chose qui la place au-dessus de tout le monde.

À peine avait-il prononcé ces paroles que j'ai vu maman pincer les lèvres. Elle dit toujours qu'oncle Édouard manque de délicatesse. Elle sait que j'ai toujours eu l'impression d'être le pâle reflet de Jasmine, d'être sa petite sœur sans talent. Et ça la préoccupe beaucoup. Voilà pourquoi elle avait organisé cette fête. Elle m'avait dit :

— Je t'en prie, Isabelle, laisse-nous une dernière fois célébrer ton anniversaire en famille. L'an prochain, je sens que tu auras envie d'une de ces horribles fêtes tapageuses avec des jeunes de ton âge.

Ce qu'elle voulait, en réalité, c'était me donner une occasion de me sentir très spéciale, une occasion d'être à l'honneur. Et quoi de mieux, pour ça, que toute une collection d'oncles et de tantes ?

Je comprenais très bien l'intention de ma mère. D'abord, parce qu'elle est la transparence même. Ensuite, parce que j'avais trouvé un livre qu'elle était en train de lire, *La Rivalité entre frères et sœurs chez les adolescents*.

Et voilà que mon oncle Édouard venait de tout gâcher. Maman allait répliquer quand Jasmine l'a devancée en protestant :

— Voyons, oncle Édouard, tous les Martin sont des étoiles montantes. Même si Isabelle se comporte parfois comme la comète de Halley, surtout le matin quand elle se précipite dehors !

Tout le monde a ri et la fête a continué.

Une autre chose incroyable à propos de Jasmine, c'est qu'elle est aussi généreuse qu'elle est belle.

On dirait un conte de fées, pas vrai ? Tu sais, l'adorable princesse qui était aussi généreuse qu'elle était belle ? Eh bien, aussi ridicule que ça puisse paraître, ça arrive encore dans la vraie vie. Même si de nos jours, dans les livres, les héroïnes sont plutôt égoïstes et capricieuses.

Quand j'étais petite, je lisais beaucoup de contes de fées. J'aimais ces histoires de princesses belles et généreuses, parce qu'elles me rappelaient ma merveilleuse grande sœur.

J'adorais Jasmine, dans ce temps-là. Je dirais même que je la vénérais comme une idole, et Jasmine avait tout de la grande sœur idéale. Elle n'a pas changé, d'ailleurs. C'est pourquoi j'ai tant de mal à comprendre mes sentiments à son égard, maintenant. Chaque fois qu'elle fait quelque chose pour moi, je me sens affreusement coupable de ne pas éprouver pour elle ce que j'éprouvais avant, de ne pas être aussi gentille avec elle qu'elle l'est avec moi.

À l'époque où je lisais des contes de fées, je savais parfaitement que j'étais petite, maigrichonne et loin d'être aussi jolie que Jasmine, mais ça ne me dérangeait pas. J'étais fière et heureuse d'être sa sœur. Aucune de mes amies n'avait une sœur aussi formidable que la mienne.

Jasmine m'amenait partout : à la piscine, à des pique-niques. Elle m'apprenait plein de choses, aussi, comme à nager, à dessiner, à jouer au tennis. Et je pouvais toujours compter sur elle. Puis un beau jour, l'été après ma première secondaire, je me suis retournée contre elle.

Dans le temps de Pâques, j'avais vu à la télé le film *Ben Hur*. Ben Hur avait un grand ami d'enfance. Ils étaient comme les deux doigts de la main, jusqu'au jour où un événement les a fait se retourner l'un contre l'autre. L'ami de Ben Hur est même devenu son pire ennemi. Je déteste ce film, maintenant, parce que je me sens comme l'ami de Ben Hur, mauvaise et pourrie à l'os. Mais il n'y pouvait rien, et moi non plus.

C'est bizarre comme on peut regarder en arrière et mettre le doigt exactement sur l'événement qui a changé sa vie. Il suffit d'un mot, d'un geste et on n'est plus jamais tout à fait la même.

Eh bien, cet été-là — ça fait à peine un an et demi, mais j'ai l'impression que ça fait une éternité —, mes parents ont permis à Jasmine de refaire la décoration de sa chambre. J'étais furieuse, parce que je voulais, moi aussi, redécorer la mienne. Mais maman m'a dit simplement :

— Non, Isabelle. Quand tu auras l'âge de Jasmine, tu pourras redécorer ta chambre, mais pas avant.

Pour être franche, ça faisait déjà quelques mois que j'étais maussade et de mauvais poil. À l'école, notre professeure de sciences humaines avait commencé à nous préparer, mes amies et moi, à la période qu'on s'apprêtait à traverser. Elle nous avait dit que nos corps allaient se transformer, que ça agirait sur nos émotions, mais que tout rentrerait dans l'ordre avec le temps. Il fallait être raisonnable et faire preuve de maturité, sans se laisser aller à des sautes d'humeur et à des comportements déraisonnables.

Plus facile à dire qu'à faire ! Elle n'avait jamais dû se sentir aussi désagréable et pleurnicheuse que moi, à certains moments. Je me suis dit que si c'était ça, devenir adulte, j'aimais mieux passer tout droit.

J'étais de mauvaise humeur le jour où Jasmine a terminé sa décoration. J'avais deux énormes boutons sur le menton et mes cheveux, que je venais de laver la veille, étaient ternes et dégueulasses. Je me trouvais affreuse.

— Abracadabra ! a chantonné Jasmine en ouvrant la porte de sa chambre.

Elle portait une robe d'été blanche, et ses cheveux noirs, épais et lustrés étaient retenus par un bandeau. Sa peau, évidemment, était parfaite, claire et laiteuse, avec un peu de rose aux joues ; et une étincelle brillait dans ses yeux bleus.

J'ai tout de suite pensé au conte de Blanche-Neige. Sa mère, la reine, avait rêvé d'une fille aux cheveux noirs d'ébène, à la peau blanche comme neige, aux lèvres rosées. Eh bien elle était là, en chair et en os, sous les traits de Jasmine Martin.

Tout ce qui lui manquait, c'était un prince charmant, mais il devait bien y en avoir un à l'horizon. C'est toujours à elle que les meilleures choses arrivent. Cette petite pensée mesquine m'a surprise. Après tout, Jasmine méritait bien que des choses merveilleuses lui arrivent, non ?

J'ai prononcé tout haut :

— Tu veux dire que je peux enfin voir ta chambre ?

— Et oui. J'attendais que tout soit absolument parfait avant de la montrer.

Elle a fait un pas en arrière et un grand geste, comme un magicien qui s'apprête à ouvrir son coffre magique.

— Mais d'abord, regarde cette porte.

Le couloir, à l'étage de notre maison, est long, étroit et flanqué de cinq portes ouvrant sur quatre chambres et une salle de bains. Toutes les portes sont peintes en crème, sauf une, celle de la chambre de Jasmine, qui est peinte en mauve très pâle. Ma sœur s'est affairée pendant des jours avec un pot de peinture et des pinceaux, et la porte est la touche finale de son chef-d'œuvre.

Puis j'ai vu la poignée. Le matin même, c'était une poignée ordinaire en cuivre, mais là, il y en avait une nouvelle.

— L'aimes-tu, Isabelle ? Je l'ai trouvée dans un marché aux puces. Elle est absolument parfaite, pas vrai ?

Oui, elle était parfaite. Parfaite pour une princesse, une vedette de cinéma ou une grande actrice. C'était l'une de ces poignées antiques en cristal qu'on voit dans les belles vieilles maisons, sauf que celle-ci était de la couleur d'une améthyste. Une poignée améthyste scintillante sur une porte mauve pâle. Il n'y avait que Jasmine pour avoir une idée pareille. Jasmine la star.

Je lui ai dit à quel point c'était beau en essayant d'avoir l'air sincère et désintéressée, puis elle m'a montré sa chambre.

C'est alors que l'envie s'est abattue sur moi, comme si je recevais un grand coup en pleine poitrine. La chambre semblait sortir tout droit d'un magazine de décoration.

Les murs étaient d'un ton lavande très pâle, et le mur derrière le lit était couvert de papier peint au motif victorien d'épis de lavande sur fond crème. Quant aux grandes fenêtres, elles étaient habillées de rideaux assortis que maman et Jasmine avaient confectionnés.

Deux nouveaux fauteuils boudoir, recouverts de toile de coton mauve, trônaient devant la fenêtre, de chaque côté d'une table drapée du même tissu que les rideaux.

Le lit était garni de draps anciens que Jasmine avait trouvés au marché aux puces et qu'elle avait blanchis, empesés puis repassés. Et pour compléter le tout, sur un couvre-lit d'un blanc éclatant étaient empilés des coussins de toutes les formes et de toutes les tailles, recouverts de housses blanches bordées de dentelle. J'ai pensé à mon lit encombré d'animaux en peluche défraîchis et j'ai eu envie de vomir.

— Et voici la pièce de résistance, a annoncé Jasmine en m'entraînant dans le coin de la chambre. Maman et papa me l'ont offerte pour me récompenser d'avoir fait presque tout le travail moi-même. Je crois que ça s'appelle une psyché.

Elle parlait d'un miroir ovale pleine hauteur fixé dans un cadre sur pied et qu'on pouvait incliner à volonté. Elle l'a fait basculer et on s'est retrouvées, toutes les deux, encadrées côte à côte, comme dans une photo ancienne. On aurait dit Blanche-Neige et Grincheux, la Belle et la Bête, Miss Canada et la souillon des marais.

J'étais presque aussi grande qu'elle, à l'époque, ce qui rendait le contraste encore plus frappant. On n'avait plus l'air de la grande sœur Jasmine accompagnée de sa copie conforme en miniature. J'ai compris, en sursautant, que cette période de notre vie était finie. J'avais presque treize ans et je me disais que je serais bientôt une adolescente, comme Jasmine. Eh bien non, pas comme Jasmine. Pourtant, j'aurais donné n'importe quoi pour ça.

De nous voir, comme ça dans le miroir, c'était comme un coup d'œil sur l'avenir. J'avais toujours eu l'impression puérile qu'il me suffisait de grandir pour devenir comme Jasmine. J'ai compris ce jour-là que je ne serais jamais comme Jasmine. On étaient différentes. Complètement, totalement différentes.

Elle a dit quelque chose à propos de notre ressemblance, de nos yeux qui avaient exactement le même ton de bleu. Mais je n'ai vu, dans ses paroles, qu'une autre occasion pour la merveilleuse Jasmine d'être gentille avec sa pauvre petite sœur.

Je me suis dit, découragée, qu'elle serait toujours la plus ravissante, la plus jolie, la plus intelligente, la plus talentueuse, celle que tout le monde remarque et admire. Et moi je serais toujours la plus ordinaire, la plus banale, celle qui traîne toujours derrière elle. Et j'ai parié, comme si je voulais tourner le fer dans la plaie, que des gens nous aborderaient plus tard en disant : « Oh ! vous êtes des sœurs ? Je ne l'aurais jamais cru. » Bien sûr, je saurais ce qu'ils veulent dire.

Je n'ai jamais été envieuse, ni jalouse, mais je suppose qu'on peut tous le devenir avec les circonstances. Je le sais. Ça m'est arrivé.

La jalousie est une chose terrible. On l'appelle

« le monstre aux yeux verts », mais ça ne la décrit qu'à moitié. C'est comme avoir un affreux démon à l'intérieur, qui nous gruge le dedans sans répit. Voilà donc ce qui m'attendait. Être grugée de l'intérieur par un horrible démon, pendant que j'essaierais, de l'extérieur, de me comporter comme une personne normale.

Bien sûr, je n'ai pas réussi à tromper ma famille. Parfois, quand j'étais dure avec Jasmine, je pouvais voir la tristesse dans ses yeux. Sans parler de ma mère qui achetait des livres sur la rivalité entre frères et sœurs et qui s'évertuait à me donner confiance en moi.

Ce jour-là, devant le miroir de Jasmine, j'ai souhaité avoir un jour quelque chose qu'elle n'aurait pas. Quelque chose qui n'appartiendrait qu'à moi, qui me rendrait intéressante et importante aux yeux de tous.

On dit qu'il ne faut jamais rien souhaiter, parce qu'on risque de l'obtenir. Et c'est vrai.

Un mois après mon quatorzième anniversaire, j'ai eu quelque chose que Jasmine n'avait pas, quelque chose qui m'a rendue intéressante et importante aux yeux de beaucoup de gens, c'est-à-dire ma famille et toute une équipe de médecins et d'infirmières.

Ce que j'ai eu, c'est le cancer du sang, qu'on appelle la leucémie.

CHAPITRE 2

Il y a plusieurs types de leucémie. Celle que j'ai en moi, c'est la leucémie lymphoblastique aiguë, le cancer infantile le plus répandu.

Ma première réaction a été de dire : « Il doit y avoir une erreur ! Ça ne peut pas m'arriver à moi ! » Et la deuxième : « Pourquoi moi ? »

Il n'y a pas de réponse à cette question, mais c'est celle qui me tracassait le plus. Sans mes amis du Manoir de l'Espoir… mais je parlerai d'eux plus tard.

La leucémie est une maladie sournoise qui vous prend par surprise. J'ai commencé à perdre du poids et à me sentir toujours fatiguée. Comme je n'ai jamais été bien grosse, une perte de poids de trois kilos ne passait pas inaperçue. Déjà, à mon quatorzième anniversaire, j'avais remarqué que ma jupe plissée rouge était trop grande à la taille.

Évidemment, ma vigilante mère a cru que je souffrais de ces troubles de l'appétit qui frappent bien des filles de mon âge, et elle s'est mise à me surveiller pour voir si je ne prenais pas de laxatifs, ou si je ne me faisais pas vomir.

Ce n'était pas le cas, mais j'avais toujours un peu de fièvre et je me faisais des bleus à propos de rien. J'ai beau être empotée, je peux tout de même me rappeler où et quand j'ai pu me cogner assez fort pour avoir un de ces horribles bleus. Puis mes gencives ont commencé à saigner. Le matin, ma brosse à dents ressemblait à une arme-suicide.

C'est à ce moment-là que maman m'a amenée chez le docteur Colin, notre médecin de famille. C'est un homme gentil, patient et consciencieux qui prononce beaucoup de « hum » et de « euh ». Après m'avoir examinée tout en marmonnant, il m'a envoyée faire des analyses de sang. Puis, au lieu de nous annoncer les résultats par téléphone, il nous a demandé, à maman et à moi, de passer à son bureau.

— J'aimerais qu'Isabelle consulte un de mes collègues, a-t-il dit. Demain matin, si cela vous convient. Il s'agit du docteur Léger, un spécialiste rattaché à l'hôpital Saint-Étienne de Somerval.

Somerval est une assez grande ville située à une cinquantaine de kilomètres de chez nous. L'hôpital Saint-Étienne est très réputé. C'est un grand hôpital doté d'équipements ultramodernes et d'un excellent personnel. J'ai senti un petit frisson de peur me parcourir les avant-bras. Quel genre de spécialiste ? Et pourquoi Somerval ?

Maman avait les mêmes questions que moi.

— De quoi parlez-vous, docteur ? Un spécialiste ? Isabelle a simplement besoin d'un bon tonique, ou de vitamines ou de quelque chose du genre, non ?

Le docteur Colin se tortillait dans son fauteuil, visiblement mal à l'aise.

— Je ne veux pas vous inquiéter, madame Martin, mais le sang d'Isabelle ne semble pas tout à fait normal. Le docteur Léger est oncologue, et j'aimerais qu'il procède à d'autres analyses.

— D'autres analyses ? a demandé maman d'un air perplexe. Et... qu'est-ce qu'un oncologue, au juste ?

J'étais sûre que le docteur Colin essayait de gagner du temps, parce qu'il n'arrêtait pas de jouer avec ses lunettes. Il les a enlevées, les a essuyées avec son mouchoir, puis les a remises sur son nez en disant :

— Un oncologue est un médecin spécialisé dans le diagnostic et le traitement du cancer. Le docteur Léger est spécialisé dans la leucémie des enfants.

Leucémie des enfants ! Je pouvais pratiquement voir les mots flotter autour de nous, en gros caractères.

Le docteur Colin a continué en expliquant que les analyses de sang qu'on m'avait faites ne permettaient pas d'établir clairement un diagnostic de leucémie, mais qu'elles en laissaient entrevoir la possibilité. Il nous a tout expliqué en long et en large, honnêtement, en essayant d'être le plus encourageant et le plus optimiste possible.

Je n'oublierai jamais la soirée qui a suivi. Maman sanglotait dans la cuisine en épluchant des carottes pour le souper. Les artistes et les sculpteurs illustrent souvent la douleur sous les traits d'un personnage voilé, penché sur une pierre tombale. Ils ont tort. Pour moi, la douleur, c'est une femme d'âge moyen, un épluche-légumes à la main et la tête penchée au-dessus de l'évier.

Mon père, lui ne savait pas trop quoi dire. Quand quelque chose le tracasse, une drôle de petite veine apparaît sur son front. Elle était présente, ce soir-là. Tout ce qu'il parvenait à faire, c'était de me serrer dans ses bras de temps à autre et de dire à maman :

— Voyons, Annie. On n'est encore sûrs de rien, pas vrai ? Attendons de voir ce que le médecin dira demain avant de sauter aux conclusions. S'il te plaît, Annie, arrête de pleurer. Ça me crève le cœur.

Et Jasmine… Je me souviens de l'avoir regardée en me demandant : « Pourquoi moi ? Pourquoi pas elle ? » Puis je me suis sentie si coupable et si honteuse que j'ai eu peur d'être foudroyée sur-le-champ.

Jasmine répétait sans cesse que ça ne pouvait pas être vrai, qu'on avait dû se tromper au laboratoire et que demain tout irait bien…

Mais rien n'allait bien. Le docteur Léger m'a fait une analyse de la moelle osseuse qui a confirmé que j'avais bel et bien la leucémie lymphoblastique aiguë.

La ponction de la moelle n'est pas aussi terrible qu'on peut l'imaginer. Elle s'est faite dans le bureau du médecin, sous anesthésie locale. Depuis, j'en ai eu plusieurs tout au long de ma maladie.

Ma maladie. Ma leucémie.

Heureusement que j'avais pleuré à mon goût la veille, parce que j'avais besoin de toute ma tête pour penser à me rétablir.

Je ne veux pas dire que j'étais pleine de cran et de courage, pas du tout. Mais je faisais des efforts, en partie pour me rassurer, en partie à cause de maman qui avait l'air en morceaux, et en partie parce qu'il n'y avait rien d'autre à faire. Sans compter qu'il y avait le docteur Léger. Il a une de ces façons de te remonter le moral qui te donne l'envie de faire de ton mieux pour t'en sortir.

— Tu dois te rappeler, Isabelle, qu'il s'agit seulement d'un diagnostic, pas d'une sentence de mort. Le traitement de la leucémie infantile est une des grandes réussites dans l'histoire du traitement du cancer.

Il était penché en avant, et ses yeux bleus me regardaient avec insistance. Il a continué :

— On a fait des progrès énormes dans le traitement du cancer, ces dernières années. Il y a maintenant de nouveaux médicaments contre le cancer et de meilleures méthodes de radiothérapie. On assiste à des rémissions à long terme et même à des guérisons !

— Alors, qu'est-ce qu'on fait, maintenant ? lui ai-je demandé.

— Je vais t'hospitaliser immédiatement à Saint-Étienne et commencer la chimiothérapie et la radiothérapie. Notre objectif est que tu entres en rémission complète le plus tôt possible.

Jusque-là, maman était restée silencieuse, contrairement à son habitude. Elle avait les yeux bouffis d'avoir trop pleuré la veille, et dès qu'elle prononçait un mot, sa voix était un peu trop forte et faussement joyeuse.

— Vous voulez dire… guérie ? a-t-elle prononcé avec optimisme.

Le médecin a secoué la tête.

— J'aimerais bien que ce soit aussi simple, madame Martin. Mais ça ne fonctionne pas comme ça. Voyez-vous, la rémission complète signifie que les analyses ne décèlent aucun signe de leucémie, et qu'on peut vivre une vie saine et normale. Cependant…

— Cependant ? a répété maman.

— Cependant, il y a toujours un risque de rechute. Il faudra donc continuer le traitement pendant plusieurs années et suivre Isabelle de près.

— Et ensuite ? ai-je demandé.

— Après cinq ans de rémission complète, la rechute est rare, a répondu le docteur Léger. Les patients dont la rémission dure aussi longtemps peuvent se considérer guéris, et c'est ce que nous visons dans ton cas.

— Et c'est ce qui va arriver, je le sais, a affirmé maman.

— J'aimerais qu'Isabelle entre à l'hôpital demain après-midi, madame Martin. Pouvez-vous la préparer en conséquence ?

— Bien sûr. Et pouvez-vous me dire, docteur, combien de temps elle devra y rester ?

— Environ six semaines.

— Aussi longtemps ? s'est inquiétée maman. Pourquoi ?

— Nous allons utiliser des médicaments très puissants, a expliqué le docteur Léger, et Isabelle pourrait avoir des effets secondaires. Nous devrons la suivre de près. Ensuite, lorsqu'elle sortira de l'hôpital Saint-Étienne, je lui recommanderai un séjour au Manoir de l'Espoir pour un certain temps.

— Le Manoir de l'Espoir ?

— C'est un hôpital pour les jeunes atteints de maladies graves, a précisé le docteur Léger. Il est affilié à Saint-Étienne. Le docteur Liliane Gendron, avec qui j'ai l'habitude de travailler, est une oncologue du manoir. J'aimerais qu'elle suive Isabelle pendant un certain temps. Et le docteur Gravel, le directeur du Manoir de l'Espoir, est psychologue. Il serait bon qu'Isabelle suive une thérapie pendant son séjour.

— Vous voulez dire que j'aurai besoin d'un psy ? ai-je demandé, abasourdie.

— Oui, cela fait partie du traitement que nous donnons aux patients atteints de cancer. Tu auras besoin de parler de ce qui t'arrive à quelqu'un. Crois-moi, Isabelle, ça aide beaucoup.

Assise dans le bureau du docteur Léger, j'avais des doutes au sujet du Manoir de l'Espoir. Des psychologues ? Des enfants malades ? Je n'étais pas sûre du tout que c'était pour moi.

Je n'ai pas beaucoup dormi la nuit avant mon entrée à l'hôpital Saint-Étienne. Je suis restée allongée dans mon lit, blottie contre mes animaux en peluche et écoutant les bruits réconfortants que notre maison fait quand elle s'installe pour la nuit : une poutre qui craque quelque part, le ronron du frigo en bas dans la cuisine, le glouglou de l'eau qui court dans les tuyaux pendant que quelqu'un, probablement maman, fait sa toilette.

Même si j'ai détesté ma chambre quand je l'ai comparée à celle de Jasmine, j'ai constaté, à ce moment, à quel point elle était spéciale pour moi. Je m'y sentais en sécurité, entourée des objets familiers qui m'avaient vue grandir. Et j'ai pris conscience qu'elle ne serait plus tout à fait la même, à mon retour.

Je me suis dit que je serais alors comme un soldat qui revient de la guerre. J'aurais vécu des choses que ni ma famille ni mes amis n'auraient connues. Peut-être que ma chambre me paraîtrait étrangère.

J'essayais d'imaginer la nuit suivante. Je n'étais jamais allée à l'hôpital, même pas pour me faire enlever les amygdales. « C'est bien moi, ça, me suis-je dit en contemplant le plafond de ma chambre éclairé par un rayon de lune. Éviter toutes les petites maladies banales, pour me payer une énorme, une implacable maladie comme la leucémie. »

Leucémie. Quel horrible mot, quel mot effrayant !

Sur le coup, je ne me suis pas rendu compte à

quel point une chose comme la leucémie peut faire fuir les gens, pour une raison ou pour une autre, et modifier de façon bizarre le comportement des amis et de la famille.

Finalement, les seules personnes à qui je pouvais parler — parler vraiment — étaient les membres du personnel du Manoir de l'Espoir. Et les jeunes aussi. En particulier Éric.

CHAPITRE 3

J'étais plutôt optimiste quand je suis entrée au service d'oncologie infantile de l'hôpital Saint-Étienne. Après tout, le docteur Léger m'avait dit que le traitement de la leucémie des enfants était une des grandes réussites dans l'histoire du traitement du cancer, pas vrai ? Peut-être que j'allais suivre ma chimiothérapie, puis entrer en rémission pour le reste de mes jours.

Maman, papa et Jasmine m'ont accompagnée jusqu'à ma chambre. Maman s'agitait. La sonnette au chevet de mon lit fonctionnait-elle ? Comment est-ce que j'allais pouvoir me servir d'un téléphone qui n'avait même pas de cadran ? Je l'entendais de la salle de bains, où j'étais en train d'enfiler une de ces affreuses chemises d'hôpital ouvertes de bas en haut dans le dos. Comme il y manquait des attaches, j'ai dû l'agripper d'une main tout en me glissant dans le lit.

Je n'avais pas de camarade de chambre. L'autre lit était vide et les couvertures étaient soigneusement rentrées sous le matelas.

— C'est une chance d'avoir cette chambre

pour toi toute seule ! s'est exclamée ma mère.

Elle avait beau avoir le plus beau des sourires, il ne se voyait pas dans ses yeux.

— On a dû lui donner son congé parce qu'elle était sur pied. Toi aussi, avant longtemps, tu vas rentrer à la maison. Sois patiente, tu verras !

Je n'ai rien contre la pensée positive, au contraire, mais maman y allait un peu fort. Il ne lui manquait que le mégaphone et les pompons pour avoir l'air d'une meneuse de claque.

Sa fausse gaieté m'agaçait. Ça me rappelait quand j'étais petite et qu'elle me disait, en me tirant une écharde du doigt :

— Ce n'est rien, ça ne fera pas mal.

Et ça faisait terriblement mal. Ou bien quand elle me disait, en voulant me faire avaler un médicament infect qui me levait le cœur :

— C'est très bon, je t'assure.

Finalement, depuis plusieurs mois, il n'y avait qu'une personne dans cette chambre. Alors, au lieu de me remonter le moral, l'optimisme débordant de ma mère, sa gaieté et ses histoires de guérison ont produit l'effet contraire. Je me suis dit : « Qu'est-ce qui lui prend ? Sait-elle quelque chose que j'ignore ? Quelque chose d'horrible ? »

Papa, lui, tournait en rond dans la chambre. Il plaçait et déplaçait les fauteuils, en tirait un près de la fenêtre puis le remettait à sa place.

— C'est un bel hôpital, Isabelle, a-t-il dit. On y trouve tout ce qu'il y a de mieux. On prendra bien soin de toi, ici.

Sa voix était rauque, un peu bourrue même. Mais d'un geste tendre, il a repoussé les cheveux qui retombaient sur mon front.

Depuis qu'on avait appris que j'avais la leucémie, papa, qui a toujours été du type fort et silencieux, était devenu plus silencieux que jamais. La petite veine sur son front était toujours visible, maintenant. Plus maman parlait fort et se montrait joyeuse, plus il était silencieux et renfermé. Je ne savais pas trop lequel des deux me tapait le plus sur les nerfs. Les deux, je crois.

Jasmine, de son côté, ne tenait pas en place, comme si elle avait hâte de partir. Elle n'arrêtait pas de tripoter ses cheveux et d'écailler le vernis de ses ongles, un doigt après l'autre.

— J'ai remarqué que ta chambre, à la maison, a besoin d'un bon ménage, m'a-t-elle dit. Demain, je vais épousseter et passer l'aspirateur. Comme ça, elle sera prête quand tu quitteras le Manoir de l'Espoir.

Elle avait parlé sans me regarder. Elle savait parfaitement que je serais absente très, très longtemps.

Avant le départ de mes parents, le docteur Léger est passé pour leur demander s'ils n'avaient pas d'autres questions à lui poser. Cet homme me plaisait de plus en plus. J'aimais sa façon d'écouter attentivement et de répondre honnêtement à toutes les questions.

— N... non, a répondu maman en hochant la

tête d'un air songeur. Je crois que vous nous avez dit tout ce que nous voulions savoir.

— Très bien, a dit le docteur Léger. Je tiens à insister sur une dernière chose. Nous en avons déjà parlé, mais ça vaut la peine de la répéter. Avant d'être rétablie, Isabelle aura à supporter quelques effets secondaires assez désagréables de la chimiothérapie : nausées, vomissements, perte de cheveux. Je veux que vous sachiez, toutefois, que sans la chimiothérapie, ses chances de rémission seraient très minces…

Dire que les effets secondaires de la chimiothérapie sont désagréables, c'est comme si Christophe Colomb avait dit à ses matelots qu'ils risquaient d'avoir quelques petits ennuis en mer.

Je savais évidemment que la traversée ne serait pas de tout repos, mais j'étais loin d'imaginer à quel point.

La chimiothérapie se donnait en série. Chaque série était un traitement. J'avais donc un traitement de chimio, quelques jours de répit, puis un autre traitement. La chimio me rendait malade, je veux dire vraiment malade. Tellement malade qu'il m'aurait fallu prendre du mieux pour pouvoir mourir !

On me donnait des pilules contre le mal de cœur. Ça ne marchait pas. On me donnait aussi des *popsicles* pour remettre mon estomac d'aplomb. J'ai vite appris à éviter ceux aux raisins, parce que c'était dégoûtant quand je les vomissais.

— Vois les choses du bon côté, me disait ma mère au cours d'une de ses visites quotidiennes. Il y a cinquante ans, on ne disposait pas de tous ces merveilleux médicaments pour traiter ta maladie. Alors comptons-nous chanceuses.

J'aurais pu lui rappeler que je n'étais pas au monde, il y a cinquante ans, et que je n'aurais pas eu besoin de ces merveilleux médicaments modernes. Mais ça aurait été méchant. Pauvre maman. Elle faisait tant d'efforts.

Leucémie signifie littéralement « sang blanc ». Ce n'est pas un cancer du sang proprement dit, mais des organes qui fabriquent les cellules du sang, principalement la moelle osseuse et le système lymphatique. Ce qui se passe, c'est que l'organisme se met à produire un grand nombre de globules blancs qui n'arrivent jamais à maturité et qui ne remplissent jamais leurs fonctions. Ces globules déficients se multiplient alors de façon excessive et désordonnée. Ils s'infiltrent dans la moelle osseuse au détriment des cellules saines et finissent par atteindre le système circulatoire. Le terme « sang blanc » vient donc plutôt du sang blanchâtre ou rose pâle des malades qui ont un taux élevé de cellules blanches malignes dans leur système circulatoire.

La chimiothérapie est le principal traitement contre la leucémie. Le principe est d'introduire dans l'organisme une quantité suffisante d'un certain type de médicaments pour tuer toutes les cellules dans la moelle osseuse, les cancéreuses comme les normales. Comme les cellules leucémiques se divisent plus lentement que les cellules normales, les cellules saines, qui profitent plus rapidement, vont repeupler la moelle. C'est ainsi que les traitements continus de chimio modifient le cycle de reproduction des cellules leucémiques et les forcent à battre en retraite.

Le traitement dure environ six semaines. D'abord, on te donne un médicament pour prévenir les dommages aux reins. Puis, pendant trois ou quatre semaines, on induit la rémission. Cela veut dire qu'on te donne la chimiothérapie, généralement par intraveineuse, puis une ou deux semaines de traitements pour empêcher la leucémie d'envahir le liquide céphalo-rachidien. Cette étape est très importante, car si les cellules cancéreuses pénètrent dans le liquide, les médicaments contre le cancer ne peuvent pas les atteindre. Parfois, ils utilisent des radiations pour cette étape, parfois des injections.

Ensuite, il faut un traitement d'entretien pendant plusieurs années, mais c'est beaucoup moins pénible qu'au début, et on peut le suivre comme patient externe.

La chimiothérapie fatigue vraiment beaucoup, sans parler de tout le reste. J'ai presque perdu la notion du temps. Puis un matin, au réveil, j'ai trouvé des cheveux — des tas de cheveux — sur mon oreiller. De longs cheveux bruns. Mes cheveux. Je perdais mes cheveux ! Je me suis touché la tête, et une touffe m'est restée dans la main.

Oui, je sais, le docteur Léger me l'avait dit. Et maman avait essayé de m'y préparer. Elle avait même commandé deux perruques dignes d'une actrice de cinéma. Mais je ne pensais pas que ça arriverait comme ça. Que d'un coup, sans avertissement, je trouverais mes cheveux éparpillés sur l'oreiller.

C'est à ce moment-là que je suis entrée dans une profonde dépression qui a effrayé ma famille et affolé les infirmières.

J'ai déjà lu quelque part qu'il y avait assez de femmes chauves au Canada pour remplir un stade de baseball. Quand on y pense, ça fait beaucoup de femmes chauves ! Mais d'y penser ne me consolait pas. Toutes ces pauvres femmes étaient probablement aussi déprimées que moi.

Qu'est-ce que c'est que cette histoire de cheveux et de femmes ? Qu'y a-t-il de si important à avoir une belle chevelure épaisse, et pourquoi les femmes font-elles tant de chichis avec leurs cheveux ?

J'ai lu un jour quelque chose à propos des femmes qui avaient collaboré avec les nazis pendant la Deuxième Guerre mondiale. Après coup, quel est le pire châtiment qu'on pouvait leur infliger ? On leur a rasé la tête. Voilà ce qu'on leur a fait ! Elles ont dû se promener la tête rasée et, pour elles, c'était la honte suprême. Voilà pour l'importance qu'on attache à la chevelure des femmes.

Un après-midi, Jasmine est venue couper très court ce qu'il me restait de cheveux.

— Tiens, c'est beaucoup mieux, a-t-elle dit en rangeant ses ciseaux dans son sac.

Je me suis regardée dans un miroir.

— Ah ! oui, maintenant ils sont courts et affreusement minces, plutôt que longs et affreusement minces ! ai-je répondu en gémissant.

— Ça ne va pas durer indéfiniment, Isabelle, a répliqué Jasmine avec une pointe de reproche dans la voix. Tes cheveux vont repousser.

— Oui, mais quand ? Quand ? ai-je demandé les bras au ciel, comme Moïse implorant le partage des eaux de la mer Rouge. Je vais peut-être rester chauve pendant des mois. Je suis démolie, Jasmine. Démolie !

— Oh ! arrête, Isabelle ! a soupiré Jasmine en se levant d'un bond pour ramasser ses affaires.

— Où vas-tu ?

— Je dois aller à la bibliothèque.

— Quoi ? Je te dis que je suis démolie et tu m'abandonnes ?

Oui, je sais, j'étais mélodramatique et emmerdeuse, mais je n'y pouvais rien. Je me trouvais entre deux séries de traitements, à ce moment-là, et j'avais retrouvé un peu d'énergie. Mais c'était une énergie ronchonneuse, grognonne, si tu vois ce que je veux dire.

— Désolée, Isa, mais il faut que je me dépêche. Tes cheveux vont repousser. Qu'est-ce que je peux te dire de plus ? Tu dois prendre ton mal en patience, c'est tout.

Elle a enfilé son sac sur son épaule et s'est passé

les doigts dans les cheveux. Ses beaux cheveux longs, épais et lustrés.

Ce qui m'enrageait, c'était de la voir aussi resplendissante de santé. Les mots « Pourquoi moi ? Pourquoi pas Jasmine ? » bourdonnaient dans ma tête. Ils revenaient de plus en plus souvent avec un sentiment de culpabilité qui me rendait les choses encore plus difficiles à supporter.

— Tu fais ça chaque fois, lui ai-je lancé d'une voix accusatrice.

Elle m'a regardée, surprise. Ou faisait-elle semblant d'être surprise ?

— Quoi ? Qu'est-ce que je fais ?

— Tu te sauves dès que je commence à parler de choses désagréables.

— Ce n'est pas vrai, s'est-elle défendue en m'embrassant rapidement sur la joue. On a passé tout l'après-midi ensemble. Tu t'imagines des choses.

Puis, légère, elle s'est évadée de la chambre comme un papillon qui bat des ailes.

— Je ne m'imagine rien, ai-je dit tout haut après son départ, les yeux tournés vers la fenêtre.

Comme d'habitude, je m'apitoyais sur mon sort. « Pourquoi moi ? Est-ce que j'ai commis une faute grave pour laquelle je suis punie ? C'est ça ? Je suis punie parce que je suis jalouse de Jasmine ? »

Mais si c'était le cas, alors pourquoi moi ? Je connaissais des filles, à l'école, bien plus méchantes et bien plus jalouses que moi. Pourquoi n'avaient-elles pas la leucémie si c'était une forme de châtiment ? Comparée à elles, j'étais pratiquement une sainte.

Je regardais toujours par la fenêtre. Le temps était gris, brumeux, et des gouttelettes de pluie coulaient sur la vitre, comme les larmes sur mes joues.

J'ai entendu quelqu'un entrer, mais je ne me suis pas retournée.

— Hem ! a fait une voix masculine.

Ce n'était pas le son d'une voix qui s'éclaircit. C'était vraiment le son « hem », prononcé de façon comique comme un mauvais acteur dans une mauvaise pièce.

Voilà comment Éric est entré dans ma vie.

CHAPITRE 4

— Hem ! a-t-il répété.

Je me suis retournée pour voir qui c'était.

C'était un pirate. C'est, du moins, la première impression que j'ai eue. Un pirate en béquilles, avec un fichu vert noué autour de la tête à la façon des corsaires. Il portait un jean coupé et délavé, avec un t-shirt montrant une énorme baleine bleue sur une toute petite bicyclette et l'inscription « Protégeons nos sentiers ».

— Salut ! m'a-t-il dit en m'adressant un grand sourire amical qui lui faisait un peu bouger les oreilles.

C'est là que j'ai remarqué qu'il n'avait pas de cheveux sous son fichu. Le fichu devait lui servir à dissimuler sa perte de cheveux. Après tout, on était dans un service d'oncologie. C'était probablement un autre patient atteint de cancer, et il venait me souhaiter la bienvenue dans la bande.

Il devait avoir un an de plus que moi. Il avait des yeux bleus bien espacés et un menton d'acteur de cinéma ; tu sais, le menton carré et la mâchoire bien dessinée. Avant, je l'aurais trouvé tout à fait irrésistible. Je me serais assise et j'aurais essayé de lui faire du charme. Mais tout était différent, maintenant. Je n'avais rien à faire de son apparence ni de ce qu'il pouvait penser de la mienne. Qu'il aille au diable ! J'avais juste envie qu'on me laisse seule avec mon chagrin.

— Je m'appelle Éric Ranger.

— Félicitations !

— Mauvaise réponse ! Tu es censée dire « Bonjour ! » et me donner ton nom.

— Pourquoi ? Tu le connais probablement déjà. Je parie que les infirmières t'ont envoyé pour me remonter le moral.

— Non. En fait, elles m'ont demandé de ne pas le faire. Elles m'ont pratiquement supplié de ne pas venir. Elles m'ont dit : « Tiens-toi loin de cette horrible Isabelle Martin. C'est une vraie vipère ! »

J'ai souri malgré moi.

— Tu vois, tu connais mon nom.

Il s'est penché en me regardant du coin de l'œil.

— C'est un sourire ? Et ce petit trou dans ta joue, c'est une fossette ? À moins qu'on t'ait creusé la mâchoire ?

— Ah ! ah ! très drôle ! Si tu veux tout savoir, c'est une fossette.

J'ai attendu un moment, puis je lui ai demandé :

— Pourquoi es-tu venu si on t'a dit que j'étais insupportable ?

— Parce que je suis audacieux et téméraire, au cas où tu ne l'aurais pas remarqué. J'aime les défis.

Comme je ne savais pas quoi dire, je lui ai indiqué le fauteuil à côté du lit.

— Eh bien, puisque tu as fait un si grand effort, prends la peine de t'asseoir. À moins que tu aies autre chose à faire ?

Éric s'est installé dans le fauteuil près du lit et a soigneusement déposé ses béquilles par terre, à côté de lui.

— J'attendais que tu me l'offres, ma chère. Et non, je n'ai pas autre chose à faire. J'ai regardé assez de téléromans et de jeux-questionnaires à la télé pour le reste de ma vie.

— Tu as quel type de cancer ? lui ai-je demandé. C'est dans ta jambe ?

— Oui. C'est un cancer des os. Le mien est connu sous le nom de sarcome d'Ewing.

— Ça fait mal ?

Éric s'est étiré la jambe et l'a frottée d'un air absent.

— En réalité, c'est plutôt une sensation de faiblesse. J'ai déjà eu de la radiothérapie et de la chimio. C'est ce qui explique mon crâne chauve, m'a-t-il confié en pointant du doigt sa tête. Mais pour l'instant, je me sens très bien.

Il m'a regardée avec sympathie, puis a ajouté :

— Écoute, Isabelle, je sais à quel point tu dois te sentir mal et découragée. Je suis passé par là, je sais ce que c'est. Mais accroche-toi. Les infirmières m'ont dit qu'il te reste seulement une ou deux semaines avant la fin de ton traitement d'induction.

Quel garçon sympathique ! Les infirmières ont dû lui dire que j'étais très déprimée et il est venu juste pour me réconforter. En béquilles, en plus.

— Continue de me déranger, ai-je lancé. Ça fait du bien d'avoir quelqu'un à qui parler.

C'est comme ça que tout a commencé.

J'aimais bien Éric. Ça n'avait rien à voir avec son apparence, même si je dois admettre qu'il était agréable à regarder.

D'abord, il savait écouter, et on ne peut pas en dire autant de beaucoup de gens. Mais il savait parler, aussi, et pouvait me faire rire. Dans mes bons jours, évidemment. Les mauvais jours, il s'assoyait près de moi et on parlait tranquillement. Ou plutôt, il parlait et je l'écoutais, mais ça me faisait oublier mon mal de cœur.

— Regarde ce que je t'ai apporté aujourd'hui, disait-il en clopinant sur ses béquilles.

Il n'arrivait jamais les mains vides. Ça pouvait être un livre de mots croisés. On aimait bien les faire ensemble. Ou bien il me lisait toute la section des sports du journal. J'essayais de me montrer très intéressée pour lui faire plaisir. Éric était fou des sports.

Parfois, il apportait un livre-cassette qu'on écoutait ensemble. Quand il en aimait un particulièrement, on pouvait l'écouter encore et encore.

On a découvert qu'on aimait tous les deux *Astérix* et *Mafalda*. Il avait plein d'albums et parfois, assis près de mon lit, il m'en lisait un à voix haute. On riait probablement plus que les blagues ne le méritaient, mais c'était bon de pouvoir rire de nouveau.

Éric devait aller au Manoir de l'Espoir en quittant l'hôpital, mais je ne savais pas pour combien de temps. Quand je lui posais la question, il changeait toujours de sujet. J'ai compris pourquoi le jour où il est venu me dire au revoir.

— Je t'attendrai au Manoir de l'Espoir, Isabelle, m'a-t-il promis.

— Est-ce que tu vas suivre un traitement d'entretien ? Je veux dire… qu'est-ce qu'on va te faire ?

Il n'a pas répondu tout de suite, puis il m'a dit, au bout d'un moment :

— Je vais rester là jusqu'à ce qu'on me dise si je peux garder ma jambe.

J'étais sûre d'avoir mal entendu.

— Qu'est-ce… Qu'est-ce que tu as dit, Éric ? ai-je demandé d'une voix éteinte.

— J'ai dit que ce n'est pas sûr que je pourrai garder ma jambe.

J'étais sans voix.

— Mon cancer a été pris à temps, m'a-t-il expliqué. J'ai eu de la chance. La radio et la chimio sont venues à bout de la tumeur et ont empêché le cancer de se répandre. Du moins, pour le moment. Tout a l'air d'aller pour le mieux, mais…

— Tu veux dire qu'on pourrait… que c'est possible…

— Ouais. Réjouissant, non ?

— Je ne sais pas quoi dire, Éric.

— Tu n'as pas besoin de parler. Je devine ce

que tu penses. J'ai déjà cru que j'aimerais mieux mourir plutôt que de perdre un membre. Puis j'ai eu un cancer. C'est là que j'ai compris que si j'avais le choix entre vivre avec une jambe ou mourir avec les deux, je choisirais la vie.

Il a ramassé ses béquilles et s'est remis sur ses pieds.

— Mon médecin m'a fait rencontrer deux de ses patients qui ont été amputés. Les deux sont des maniaques du sport, comme moi. Et je te le dis, Isabelle, ces deux gars-là m'ont appris ce que c'est que le courage. L'un des deux est toujours un grand skieur. Évidemment, il a dû apprendre de nouvelles techniques. L'autre est un coureur de fond.

Éric s'est penché vers moi, ses yeux bleus assombris par l'émotion.

— Depuis que je suis haut comme trois pommes, je dis qu'un jour je vais traverser tout le Canada à bicyclette. Eh bien, c'est toujours mon objectif. Et je vais le faire avec mes deux jambes ou avec une seule !

CHAPITRE 5

J'étais contente de savoir qu'Éric m'attendrait au Manoir de l'Espoir quand je quitterais l'hôpital.

C'est une chance qu'il soit entré dans ma vie précisément à ce moment. Je n'avais jamais eu besoin d'un ami à ce point-là.

J'avais déjà de bonnes copines à l'école, mais les choses n'étaient plus comme avant. On aurait dit qu'on vivait dans des mondes différents. Au début elles m'appelaient souvent ; puis, avec le temps, les coups de fil se sont espacés.

C'était en partie ma faute. Je leur avais dit que le médecin interdisait les visites. Ce n'était pas tout à fait vrai, mais je n'avais pas envie qu'on vienne me regarder vomir. Et puis j'ai perdu mes cheveux. Je ne voulais pas qu'elles aillent raconter à l'école à quel point la pauvre Isabelle faisait pitié à voir.

J'ai reçu de moins en moins d'appels. Elles ont dû penser que si je ne pouvais pas avoir de visites, les coups de fil pouvaient aussi me déranger.

Finalement, c'est seulement ma meilleure amie, Patricia, et quelques autres qui m'appelaient régulièrement. Patricia et moi, on s'était toujours tout dit, mais maintenant nos conversations étaient décousues et malaisées.

— Devine qui m'a invitée à la danse, vendredi prochain ! m'a demandé Patricia la dernière fois que je lui ai parlé.

— Qui ?

— Grégoire Hétu en personne !

J'essayais de me rappeler Grégoire Hétu. Ah ! oui, le beau grand roux musclé !

— Isabelle, tu es toujours là ?

— C'est super Patricia. Grégoire est vraiment extra.

J'essayais d'avoir l'air excitée, mais j'avais la voix qui traînait. Avant, on aurait fait les folles, on se serait tordues de rire, mais j'étais fatiguée et je mourais d'envie de faire un somme. Je crois que je l'ai insultée, parce qu'elle m'a dit d'un ton offensé :

— Tu sais, Isabelle, c'est toute une chance pour moi. Claudine Poirier n'a pas arrêté de lui tourner autour pendant tout le semestre.

— Je suis contente pour toi, Patricia. Excuse-moi si ça ne paraît pas, mais je suis seulement un peu fatiguée en ce moment.

Patricia s'est aussitôt excusée.

— Oh ! Isabelle, bien sûr ! J'aurais dû le savoir. Des fois, je suis tellement bête. Dis-moi comment ça va. Quand tu n'es pas fatiguée, je veux dire. Comment ça va, franchement ?

Tout à coup, je me suis sentie terriblement seule au bout du fil.

— Ça va, Patricia. C'est juste que... bien, ils m'ont donné quelque chose qui m'endort. Mais je vais bien.

Il y a peut-être des gens qui aiment parler de leur maladie en long et en large, mais pas moi. Si j'avais raconté à Patricia tout ce que je subissais, ça l'aurait mise à l'envers et elle aurait eu pitié de moi, ce que je ne voulais pas.

Il y a un énorme fossé entre les gens heureux et les gens malheureux. On ne s'en rend pas compte tant que rien ne vient nous plonger dans les profondeurs de la dépression. Quand on est déprimée et malheureuse, on a l'impression d'être seule au monde. C'est comme si on était abandonnée dehors, dans le froid, à regarder à travers une fenêtre éclairée des gens bien au chaud, en train de rire et de parler, de vivre leur petite vie heureuse et douillette. C'est le sentiment d'être seule qui fait le plus mal. Le sentiment que personne n'a la moindre idée de ce qu'on a à traverser.

Mais j'avais de la chance. Je n'étais pas seule. J'avais Éric, qui savait ce que je devais traverser parce qu'il était dans le même bateau.

J'avais particulièrement besoin de lui à ce moment-là. Tu vois, j'avais eu de mauvaises nouvelles, qui m'ont fait oublier pour un instant la perte de mes cheveux. C'est arrivé par surprise, aussi, ce qui n'a fait qu'aggraver la situation.

Ce qui s'est produit, c'est qu'à la fin de mon traitement de chimio, je me sentais mieux et le nombre de mes globules blancs était revenu à la normale. Ma famille et moi, on pensait que le pire était passé. C'est le docteur Léger qui nous a apporté la mauvaise nouvelle.

— La moelle osseuse d'Isabelle s'est améliorée, mais elle est quand même anormale, a-t-il expliqué.

Une main sur la bouche, maman a demandé d'une voix étouffée :

— Qu'est-ce que ça veut dire, docteur ?

— Ça signifie qu'Isabelle est en rémission partielle, et non complète.

Maman a voulu l'interrompre, mais le docteur Léger a continué.

— C'est difficile d'évaluer le degré d'une rémission partielle de cette nature. Ce qu'on peut en déduire, c'est que les cellules leucémiques semblent résister aux médicaments utilisés jusqu'à présent.

— Oh ! mon Dieu ! s'est exclamée maman dans un sanglot.

— Y a-t-il quelque chose à faire ? a demandé mon père. Je suppose qu'il y a d'autres traitements ?

J'étais surprise que papa intervienne. Le docteur Léger a fait signe que oui, puis il a continué ses explications.

— Oui, on va essayer des médicaments expérimentaux. Et on va essayer jusqu'à ce qu'on trouve quelque chose qui fonctionne.

Encore de la chimio ! Je suis retombée sur mes oreillers. Je redoutais les troubles d'estomac. Le mal de cœur en permanence, il n'y a rien de pire. Demande aux gens qui ont le mal de mer.

— Quand ? ai-je réussi à articuler. Quand va-t-on commencer ?

— On va laisser à ton organisme le temps de se reposer quelques semaines avant de recommencer un traitement de chimio. Le dernier a été particulièrement éprouvant. Demain, on va te transférer au Manoir de l'Espoir. Je crois que tu vas t'y plaire.

C'est tout ce qu'il nous a dit.

Encore de la chimio ! Personne n'a demandé ce qui m'arriverait si ce nouveau traitement ne marchait pas. Ce n'était pas la peine. On en avait tous une très bonne idée. Mais c'était une des choses qu'on n'était pas prêts à affronter, ma famille et moi. Du moins, pas encore.

Le Manoir de l'Espoir était à environ cinq minutes de l'hôpital Saint-Étienne. C'était une ancienne et immense maison de style victorien, en retrait de la route, sur un long terrain en pente planté de grands ormes. Il avait fière allure et ressemblait plus à une résidence qu'à un établissement.

Je n'avais pas mis le nez dehors depuis six longues semaines. Je me sentais comme une marmotte qui sort de son sommeil.

Le mois de mars s'était éclipsé en douceur, cette année-là. La neige avait fondu depuis longtemps et des pousses vert tendre avaient commencé à percer le sol riche et humide des plates-bandes qui bordaient l'allée.

Je me suis dit en croisant les doigts que c'était

un bon signe. J'étais devenue très superstitieuse et j'essayais de voir des bons signes partout. Donc, il fallait que ces nouvelles pousses soient un bon présage. Je me suis dit avec une volonté farouche que cet été, lorsque les iris seraient en fleurs, je serais de nouveau en bonne santé.

Je contemplais le manoir. Autrefois, il y a bien longtemps, il avait dû abriter une seule famille. Une famille servie par une multitude de domestiques et de jardiniers. Maintenant, la maison avait trouvé sa propre voie et servait de résidence et de clinique pour enfants gravement malades.

D'après le docteur Léger, environ huit jeunes et quatre membres du personnel vivaient au manoir en ce moment. Par contre, beaucoup d'enfants venaient y suivre des traitements médicaux et des thérapies comme patients externes, et le manoir comptait parmi son personnel un grand nombre de médecins, d'infirmières, de thérapeutes et de bénévoles.

Éric s'est empressé de venir m'accueillir et m'a aidée à descendre les marches de la fourgonnette de l'hôpital. J'ai remarqué qu'il marchait beaucoup mieux, et seulement avec l'aide d'une canne.

— Isabelle, c'est bien toi ? m'a-t-il demandé d'un air faussement étonné. Ne me dis pas que ta mère a réussi à te faire porter une des perruques d'actrice de cinéma qu'elle t'a commandées !

— Pas mal, non ? ai-je fait en enroulant une mèche autour de mon doigt. Mais je crois qu'elle n'est pas tout à fait de mon âge.

Ce que je pensais, en réalité, c'est que peu importe l'allure de ma perruque, je paraissais mieux avec que sans. La première chose que je voyais le matin et la dernière que je voyais le soir dans le miroir de la salle de bains, c'était ma pauvre tête dénudée et parsemée de maigres touffes de cheveux — marque de ma maladie.

Éric a reculé d'un pas pour bien regarder ma tête.

— Tu as raison. Ce n'est pas vraiment toi. Mais on a un placard bourré de perruques, ici. Certaines ont été offertes, d'autres ont été abandonnées. Il y en a des blondes, des brunes, des rousses. À toi de choisir. Il y a même une perruque oncle Georges, mais celle-là est pour moi.

— Une perruque oncle Georges ?

— Bien, c'est comme ça que je l'ai baptisée. Elle est courte, avec une frange, et on dirait qu'elle est passée dans un robot culinaire.

Je n'ai pas pu m'empêcher de rire. Éric avait l'air fier de lui.

— Allez, viens, Isabelle. Ta chambre est au dernier étage.

Éric me guidait dans le hall quand une porte s'est ouverte sur la droite et un bel homme, très grand, est apparu. Ma mère aurait dit qu'il avait l'air distingué. Quant à Jasmine, elle aurait dit qu'il avait le style Richard Garneau. À ses yeux, c'est le type idéal de l'homme d'âge mûr.

— Oh ! oh ! attention ! Voilà le grand chef ! a lancé Éric.

48

— Je suis le docteur Gravel, le directeur du Manoir de l'Espoir, a-t-il dit en me tendant la main. Et ne fais pas attention à Éric. Peut-être qu'il va se calmer maintenant que tu es là. Il a fait les cent pas toute la matinée.

Éric a rougi. C'était la première fois que je le voyais embarrassé, mais il a vite repris ses esprits.

— Si je faisais les cent pas, au cas où ça vous intéresse, c'est que j'essayais de faire passer les crêpes aux fraises de madame Bradette. Elle m'a forcé à en manger trop, ce matin.

— Madame Bradette est notre cuisinière, a précisé le docteur Gravel. Et quand elle fait des crêpes aux fraises, Éric est son meilleur client. Si je me souviens bien, elle a menacé de le chasser à coups de bâton, ce matin, malgré ce qu'il en dit.

Le docteur Gravel m'a indiqué la porte par laquelle il était arrivé.

— De ce côté, c'est l'aile médicale. C'est là que se trouvent les bureaux des membres du personnel et les salles d'examen. Comme je suis sûr que c'est la dernière chose que tu as envie de voir pour l'instant, je vais te faire visiter le Manoir de l'Espoir et te présenter des membres du personnel et des patients.

Il a traversé le grand hall et a ouvert la porte de l'autre côté.

— Cette porte mène aux espaces communs. Nous les avons installés loin de l'aile médicale, parce qu'il y a parfois beaucoup de bruit ici.

Je me suis retrouvée dans un immense salon au

plafond haut. Même si elle était plus que centenaire, la maison était très chaleureuse et très gaie. Le soleil entrait à flots par les hautes fenêtres et des plantes fleurissaient sur les tables. Un immense foyer au manteau de marbre formait le point central de la pièce, autour duquel étaient disposés des sofas et des fauteuils moelleux habillés de housses aux motifs de fleurs. L'odeur agréable d'un feu de bois de pin flottait encore dans la pièce.

— Nous allumons un feu de foyer presque tous les soirs, a dit le docteur Gravel. Les soirées sont encore fraîches, et les jeunes aiment bien faire sauter du maïs.

Puis, se tournant vers Éric, il a ajouté :

— Aline vient ce soir. Elle m'a dit qu'elle avait appris de nouvelles chansons.

Éric a grogné et m'a aussitôt expliqué :

— Aline Kirouac est de notre âge. Elle est bénévole ici. C'est une fille super et tout, mais j'aimerais qu'elle n'ait jamais appris à jouer de la guitare. Elle veut toujours nous faire chanter en chœur.

Le docteur Gravel s'est mis à rire. Il avait un rire grave, agréable.

— Sois patient, Éric. Elle va peut-être s'améliorer.

— Elle ne peut que s'améliorer, a répliqué Éric. Elle ne peut pas être pire.

Le docteur Gravel a repris son sérieux et s'est adressé à moi.

— Aline est bénévole pour nous depuis que sa petite sœur Marie a séjourné ici. Elle avait la maladie de Hodgkin. Marie est morte il y a deux ans, mais Aline reste attachée au Manoir de l'Espoir, parce que sa sœur était très heureuse parmi nous.

À côté du salon, il y avait une bibliothèque tapissée de livres et, plus loin, une salle de récréation avec une chaîne stéréo, des divans confortables et une grande télé.

De là on est passés dans la salle à manger, puis dans la cuisine, où madame Bradette était en train de préparer le dîner. À l'odeur, ça devait être des mets italiens. Madame Bradette nous a annoncé qu'on aurait des sous-marins garnis de steak aux poivrons verts et de mozzarella. J'en ai eu l'eau à la bouche. En réalité, ça faisait une éternité que je n'avais pas eu faim.

À la vue d'Éric, madame Bradette a brandi une longue cuiller de bois en signe d'avertissement.

— Je te conseille de ne toucher à rien, lui a-t-elle lancé d'un ton bourru.

Éric a pris un air profondément blessé :

— Jamais de la vie ! Je ne suis qu'un pauvre garçon malade, avec un appétit d'oiseau. J'ai déjà vu des moineaux manger plus que moi !

— Des moineaux ? Dis plutôt des vautours, a corrigé madame Bradette avec une pointe d'ironie dans ses yeux bleus. Je parie, Éric, que tu mangerais un chat écrasé si je te le servais sur un plateau.

Éric s'est mis à tousser.

— Je pense que mon organisme essaie de se rattraper pour toutes les fois où je n'ai pas mangé, a-t-il dit avec un air de chien battu. Quand je faisais de la chimio, je veux dire, a-t-il ajouté avec une autre quinte de toux.

C'était une fausse toux, mais elle avait fait son petit effet. Madame Bradette s'est laissée attendrir.

— J'ai des éclairs au chocolat pour dessert ; je vais t'en mettre deux de côté.

— Tu devrais avoir honte, ai-je murmuré à l'oreille d'Éric en quittant la cuisine. Profiter d'une femme aussi gentille !

— En fait, nous avons une entente secrète, m'a-t-il confié.

— Quel genre d'entente ?

— J'ai promis de l'épouser dès que j'aurai terminé mon secondaire.

Je n'ai pas la mémoire des noms ni des visages. Pourtant, j'ai rencontré des tas de gens ce matin-là et je me suis souvenue de la plupart d'entre eux. C'est probablement parce qu'Éric m'a parlé d'eux un peu plus tard.

D'abord, j'ai fait la connaissance du docteur Émilie Ambroise. Elle est mince, a les yeux verts, d'épais cheveux châtains et un air romantique. Je n'ai pas été surprise quand Éric m'a dit qu'elle et le docteur Gravel semblaient s'intéresser beaucoup l'un à l'autre.

— Le docteur Gravel est veuf, m'a-t-il expliqué ce soir-là. Sa femme est morte il y a une dizaine d'années. Elle était jeune, mais elle avait la leucémie.

En apprenant cela, je me suis sentie plus proche du docteur Gravel. Il m'avait dit que je ferais une thérapie avec lui, et maintenant j'étais sûre qu'il me comprendrait puisqu'une personne qu'il aimait avait subi la même chose.

Puis il y a eu le docteur Liliane Gendron, l'oncologue qui allait s'occuper de moi pendant mon séjour au manoir. Elle a à peu près l'âge de ma mère et a l'air chaleureuse et sensible. Elle m'a dit qu'elle me verrait souvent et me suivrait de très près.

J'ai aussi rencontré madame Généreux, une infirmière qui n'a pas la langue dans sa poche. Puis Benoît et Andrée Sergerie, un couple au début de la trentaine, qui fait de la thérapie de groupe et de la thérapie familiale.

— Madame Généreux et les Sergerie vivent au manoir, m'a précisé le docteur Gravel en nous présentant. Tu les rencontreras souvent.

Tout à coup, on a entendu un fracas dans la salle à manger. Quelqu'un venait de casser de la vaisselle. Beaucoup de vaisselle, à en juger par le bruit.

— Roger ! s'est exclamée madame Généreux.

Un grand bonhomme roux et dégingandé a alors ouvert la porte de la salle à manger et s'est montré la tête, l'air embarrassé.

— Excusez-moi. J'ai eu un petit accident, mais personne n'est blessé !

Madame Généreux, les mains sur les hanches, a secoué la tête en le grondant.

— On dirait que tes taches de rousseur commencent à pousser par en dedans et à te brouiller le cerveau, mon cher !

Roger s'est mis à rire et a refermé la porte sur sa queue de chemise en regagnant la salle à manger. En rouvrant la porte pour la dégager, il a lorgné dans notre direction avec des yeux ronds.

— C'est qui ? ai-je demandé à Éric.

— C'est Roger Fecteau, un infirmier à temps partiel. Il est presque aussi maladroit qu'il en a l'air, même si je le soupçonne d'exagérer pour faire rire les petits. C'est probablement le gars le plus sympathique que j'aie jamais rencontré. Arrange-toi pour l'éviter quand tu transportes un objet fragile.

Après la visite du rez-de-chaussée, je commençais à me sentir fatiguée. Le grand escalier tournant qui montait aux étages me paraissait interminable. Je me demandais comment j'allais pouvoir monter jusqu'à ma chambre sans quelqu'un derrière moi pour me pousser. Les semaines passées au lit m'avaient affaibli les jambes, même si les infirmières de Saint-Étienne m'ont obligée à arpenter les couloirs tous les jours avant mon départ. Le docteur Gravel s'en est aperçu.

— Je pense qu'Isabelle en a assez pour l'instant, a-t-il dit. Va donc lui montrer sa chambre, Éric.

Puis, regardant sa montre, il a ajouté :

— J'ai une réunion du personnel et je crois que je suis en retard. Je te reverrai plus tard cet après-midi, Isabelle.

— Viens, Isabelle, m'a dit Éric en me tenant par la taille et en me laissant m'appuyer sur lui pour monter les marches. Mais ne t'imagine pas que je vais faire ça tout le temps. Jamais de la vie.

Madame Bradette serait follement jalouse si elle nous surprenait.

J'ai ri faiblement et lui ai dit :

— Si l'ego se vendait un dollar le kilogramme, Éric, tu serais spontanément multimillionnaire.

— C'est quoi, un mutimionnaire ? a demandé une petite voix qui venait d'en haut.

Assis par terre, le nez entre les barreaux, se tenait un petit garçon coiffé d'une casquette de baseball. J'ai eu tout de suite le coup de foudre.

Il devait avoir autour de six ans, puisqu'il avait perdu ses dents de devant. Il était maigre et aussi délicat qu'un oiseau. Ses yeux noisette occupaient tout son visage. Puis j'ai vu, avec un coup au cœur, qu'il n'avait pas de cheveux sous sa casquette. Une autre victime du cancer. Et si jeune !

— Eh bien, si ce n'est pas le petit Daniel, s'est exclamé Éric. Qu'est-ce que tu fais là par terre ? Si quelqu'un trébuchait sur toi, tu ne laisserais même pas une tache de graisse !

Le petit garçon a pouffé de rire. Il jubilait de plaisir.

— Je vous surveillais, toi et elle. Elle est jolie.

On avait atteint le palier.

— Alors laissez-moi vous présenter, a dit Éric en faisant la révérence. Daniel, voici Isabelle. Isabelle, voici Daniel.

Puis Éric m'a dit, d'un air théâtral :

— Daniel fait la pluie et le beau temps, ici. Tu as de la chance qu'il t'aime bien, car il peut être cruel avec ses ennemis.

Daniel a éclaté de rire encore une fois. Éric avait un public en or.

— T'es la nouvelle, m'a lancé Daniel. Ils ont dit que tu arrivais.

— Les nouvelles courent vite dans la jungle ! a répliqué Éric.

— Et t'es dans l'aile des filles, a ajouté Daniel en pointant du doigt vers le bout du couloir. Moi, j'habite là-bas, a-t-il précisé en montrant la direction opposée.

— Peut-être qu'on va se voir plus tard, au dîner, lui ai-je dit. Et peut-être que tu vas t'asseoir à côté de moi, parce que je suis nouvelle et que j'ai besoin d'un ami.

— Oui, a-t-il promis avec conviction.

Puis il m'a lancé un autre regard irrésistible de ses beaux grands yeux bruns avant de m'expliquer :

— Je connais tout le monde. Je vis ici depuis longtemps. Depuis que je suis haut comme ça.

Il a fait un geste pour montrer quelque chose de la taille d'un petit lapin. Et il nous a regardés aller, Éric et moi, pendant qu'on se dirigeait vers ma chambre.

— Qu'est-ce qu'il veut dire ? Il vit ici depuis longtemps ? ai-je demandé à Éric à voix basse. Ça fait longtemps qu'il est malade ?

Le visage d'Éric, habituellement enjoué, s'est assombri.

— Il a eu la leucémie à un an. Penses-y, Isabelle, un an. C'est vraiment injuste !

— Mais... mais... je ne comprends pas. Ils ne peuvent rien faire pour lui ?

Éric m'a regardée, les yeux pleins de tristesse.

— Il a été en rémission, puis il a eu une rechute. Puis il a eu une autre rémission, et encore une rechute. Ses rémissions sont de plus en plus courtes.

CHAPITRE 6

J'ai fait un drôle de rêve, cette nuit-là.

J'étais magicienne dans un cirque. J'étais au centre de la piste, sous les projecteurs. À côté de moi, il y avait un haut-de-forme sur une table drapée de noir.

Soudain, un long roulement de tambour s'est fait entendre et j'ai plongé la main dans le chapeau. Au fond, une forme chaude et duveteuse grouillait. Je l'ai saisie fermement et l'ai tirée du chapeau. C'était un lapin blanc. Non… c'était quelqu'un vêtu d'un costume de lapin. Daniel. Je le tenais bien haut devant moi par les oreilles de son costume.

C'était un tout petit lapin, un lapin miniature, qui souriait. Sous son bonnet et ses longues oreilles blanches, il avait des cheveux, une tignasse de cheveux bouclés et dorés.

Puis les projecteurs se sont déplacés et je me suis retrouvée dans le noir. Il y a eu un autre roulement de tambour et Éric est apparu. Les projecteurs le suivaient pendant qu'il marchait à grandes enjambées vers le centre de la piste. Vêtu en maître de cérémonie, il portait une redingote rouge et de hautes bottes cirées. Quelque chose semblait le réjouir. Moi ? Non, pas moi. Il ne regardait même pas dans ma direction. Il faisait de grands gestes vers l'entrée. Les projecteurs ont suivi la direction de sa main et la foule s'est mise à applaudir à tout rompre. On sifflait, on criait. Qui donc faisait son entrée sur la piste ?

Jasmine ! J'aurais dû m'en douter. Jasmine portait un tutu rose, des collants ornés de paillettes et des petits chaussons roses de ballerine. Elle se tenait sans broncher sur le dos d'un cheval blanc qui se dandinait. Elle était debout, les mains gracieusement tendues comme pour recueillir les acclamations de la foule. C'est alors qu'elle a eu un geste tout à fait typique. Elle a fait un signe de la main dans ma direction, afin de m'inclure dans les applaudissements.

Je me suis réveillée, bouillonnante de colère, et je suis restée allongée dans le noir en grinçant des dents. Même dans mes rêves, Jasmine venait me voler la vedette !

Pas besoin d'un psychiatre pour interpréter ce rêve. C'était assez évident.

Mon dépit s'est transformé en peur. Que va-t-il se passer quand Jasmine viendra me voir ? Éric ne l'a jamais rencontrée à Saint-Étienne. Il devait penser qu'il risquait de déranger s'il se pointait dans ma chambre aux heures de visite. Mais au Manoir de l'Espoir, c'était différent, moins strict. Éric ne manquerait pas de rencontrer Jasmine. Je pouvais déjà l'imaginer, totalement gaga et absolument envoûté par son charme.

Bien sûr, Jasmine était plus âgée qu'Éric, mais ça n'aurait pas d'importance pour lui. De toute façon, c'était une question de principe. Éric était mon ami et je ne voulais pas que Jasmine vienne foutre en l'air une amitié aussi précieuse.

Connaissant Jasmine, elle serait probablement contente que j'aie un ami comme Éric. C'était ça, le plus exaspérant, avec elle. On ne pouvait même pas la détester sans se sentir une moins que rien.

Je me suis retournée dans mon lit et j'ai bourré mon oreiller de coups de poing.

Puis il m'est venu à l'esprit que je me conduisais comme une idiote. J'étais là, toute bouleversée au beau milieu de la nuit parce que j'avais rêvé qu'Éric, maître de cérémonie dans un cirque, applaudissait Jasmine en tutu rose.

J'ai presque ri tout haut, puis je me suis dit qu'il valait mieux en rire. Et attendre qu'Éric rencontre Jasmine. Encore une fois, je serais celle qui regarde de l'extérieur.

Ma camarade de chambre s'est retournée dans son lit.

Je l'avais rencontrée la veille, au dîner. Est-ce que c'était bien la veille ? J'ai regardé les aiguilles lumineuses de mon réveil. Il était trois heures du matin.

J'ai déjà entendu dire que nos moindres pensées prennent des proportions démesurées la nuit et qu'on a tendance à ruminer des idées sombres. C'est bien vrai.

Ma compagne de chambre a marmonné quelque chose, puis s'est retournée de nouveau.

Elle s'appelait Rachel Harnois et souffrait d'anorexie mentale. Elle avait de longs cheveux noirs et le teint pâle. Elle n'avait que la peau et les os, avec des petites clavicules saillantes et des poignets très fins. Mais elle m'a dit qu'elle se remettait de son trouble de l'appétit et qu'elle commençait même à prendre du poids. Elle avait ajouté :

— Je dois cependant lutter contre l'idée que j'ai l'air d'une truie énorme. Ça fait partie de mon problème, tu comprends.

J'ai aimé Rachel dès que j'ai réussi à oublier toutes ses petites manies ridicules. Quand la personne avec qui tu partages une chambre trace à la craie une ligne en plein milieu de la pièce et te dis de garder toutes tes affaires de ton côté parce que les siennes sont bien en ordre du sien… eh bien, ça n'aide pas à l'apprécier. Mais j'avais déjà lu certaines choses à propos des troubles de l'appétit ; j'avais appris que les anorexiques ont tendance à être perfectionnistes. Alors j'ai pensé que je pourrais m'entendre avec Rachel, tant qu'elle resterait de son côté de la chambre avec son foutu bout de craie.

Je me suis retournée le plus doucement possible et j'ai essayé de me rendormir en espérant de ne pas la réveiller. Elle aurait pu avoir envie de se lever et de se mettre à faire du ménage !

Je suppose que j'ai dû me rendormir, parce que, soudainement, c'était le matin.

Finalement, je n'ai pas eu à m'inquiéter trop longtemps de la rencontre entre Éric et Jasmine. Ça s'est passé l'après-midi même.

Quand maman m'a prévenue qu'elle et Jasmine viendraient me rendre visite juste après le dernier cours de Jasmine, j'ai invité Éric à les attendre avec moi dans le salon du manoir. Mieux valait en finir avec cette rencontre fatidique. Inutile de rester à mijoter dans mon jus !

Toute la matinée j'ai éprouvé de la rancœur contre Éric. J'étais sûre qu'il allait se comporter comme un idiot devant Jasmine. Je sais que c'est bête, mais je ne pouvais pas lui pardonner ce qu'il m'avait fait dans mon rêve : éloigner de moi et de mon numéro de magicienne les projecteurs pour les braquer sur Jasmine juchée sur son cheval blanc.

Jasmine est arrivée fraîche comme une rose.

J'étais sur la défensive et je surveillais la réaction d'Éric du coin de l'œil. Il avait l'air aimable, mais pas idiot. Amical, mais pas envoûté. Mon cœur a fait un bond dans ma poitrine. J'aurais dû me douter qu'Éric réussirait le test. Enfin, ce n'était pas ma faute. C'était la faute de ce rêve farfelu.

Je me suis reproché mon manque de confiance. Éric était un garçon bien trop sensé pour tomber follement amoureux d'une fille plus âgée que lui, si irrésistible soit-elle. Pourquoi ne pas y avoir pensé à trois heures du matin ?

Lorsque j'ai présenté Éric à maman et à Jasmine, il a agi comme un vrai charmeur. J'étais fière de lui. Il m'a confié plus tard que son frère aîné lui avait montré comment séduire les parents d'une fille. Il avait bien appris la leçon.

— Je peux voir pourquoi Isabelle est si jolie, a-t-il dit à ma mère. C'est visiblement un trait de famille. Vous avez dû vous marier bien jeune, madame Martin, pour avoir des filles de cet âge.

Quel emberlificoteur ! C'est de cette façon qu'Adam a dû attraper Ève. Mais Éric avait l'air sincère.

— Merci bien, Éric, s'est contentée de répondre ma mère en rougissant.

Heureusement, elle n'est pas tombée dans la minauderie. Hier encore, elle se lamentait de ses pattes d'oie et de sa cellulite.

— Isabelle a de la chance de t'avoir comme ami, Éric, a renchéri Jasmine. Elle nous a dit que tu étais très bon pour elle et que tu l'as beaucoup aidée quand elle était à Saint-Étienne.

Et voilà tout ce que Jasmine a dit de moi. Le reste de sa conversation a porté sur toutes ses activités parascolaires.

C'est bizarre. Elle ne parlait pas de ses cours comme elle le fait d'habitude, et crois-moi, c'est une élève sérieuse. Non. Elle ne parlait que de comités qui ne l'intéressaient pas avant, comme le comité du bal de fin d'année, le cercle social, la société de l'amicale de l'école.

— Mais, Jasmine, ai-je répliqué, tu as toujours

dit que tu fuyais ce genre d'activités, que le cercle de poésie et le club d'échecs te suffisaient, qu'ils correspondaient plus à ton rythme.

— Eh bien, j'ai changé d'idée, Isabelle.

Son regard semblait évasif ; tu sais, le genre de regard qu'on a quand on raconte des histoires.

La visite ne s'est pas éternisée. Jasmine a jeté un coup d'œil à sa montre et a bondi sur ses pieds.

— Regarde l'heure ! J'ai une réunion du cercle social. On organise le bal du printemps. J'arriverai juste à temps si on part tout de suite.

Même si sa rencontre avec Éric m'avait inquiétée, maintenant qu'elle trépignait d'impatience de s'en aller, je me sentais vexée, trompée.

Pourquoi était-elle si pressée ? Pourquoi ne voulait-elle pas rester pour prendre tendrement soin de moi, sa pauvre petite sœur malade ? Et à quoi rimaient toutes ces activités parascolaires ?

Maman, par contre, n'a pas arrêté de distribuer ses paroles optimistes jusqu'à ce que la porte se referme derrière elle.

— Tu as une mine superbe, Isabelle ! Tu as l'air beaucoup mieux que la semaine dernière. Repose-toi, maintenant, parce que les nouveaux traitements de chimio qui t'attendent seront importants. Je devrais m'occuper de te trouver un professeur pour cet été. Comme ça, tu seras prête à reprendre tes classes en septembre. Tu dois avoir hâte de retourner à l'école, non ?

Parfois, j'aimerais tout simplement qu'elle mette la pédale douce. J'ai bien trop de choses qui m'attendent pour penser à reprendre une vie normale. L'école me semblait très loin. J'aurais réellement voulu parler de ce que je ressens, de mes peurs, mais sitôt que j'aborde le sujet, elle me sert une phrase toute faite tirée directement du grand livre de la pensée positive. Il doit bien y en avoir des centaines, et maman semble toutes les connaître par cœur.

Après leur départ, je suis allée m'examiner dans le miroir accroché au-dessus de la cheminée. Je n'ai pas pu m'empêcher de grimacer à mon reflet.

Ce matin-là, j'avais fouillé dans le placard aux perruques et j'en avais choisi une de style hippie des années soixante. C'était une perruque aux longs cheveux blonds, droits, avec une frange de petit prince. Je la portais avec un bandeau rose. Je m'étais dit que pour faire concurrence à Jasmine, j'allais adopter l'allure hippie. Erreur. Je n'ai ni le teint ni les traits d'une blonde, hippie ou pas.

Éric m'observait pendant que je faisais des mimiques dans le miroir. Puis il a fini par dire :

— Tu sais, Isabelle, je ne veux pas t'insulter ; tu as beau être jolie, mais tu as l'air d'une sorcière avec cette perruque-là.

— Vraiment, Éric ! Merci beaucoup !

— Pourquoi t'embarrasser d'une perruque ?

— Pour la simple raison que sans perruque, je serais chauve. Enfin, presque.

— Et alors ? Il n'y a pas un mannequin sensationnel qui se rase la tête ?

— Oui, mais sur elle, c'est super.

— Et pourquoi pas sur toi aussi, Isabelle ? Est-ce que tu aurais par hasard une tête verte et pointue de martienne ?

— Ma tête n'est ni verte, ni pointue. Mais je préfère ne pas la montrer, ai-je répliqué avec dignité.

Éric a ruminé mes paroles un long moment, puis il a lancé :

— On va organiser une fête !

— Quoi ?

— Tu n'as jamais vu de vieux films américains à la télé ?

— Oui, évidemment. Mais qu'est-ce que ma perruque vient faire là-dedans ?

— Eh bien, chaque fois que les choses vont mal, dans ces films, il y a toujours quelqu'un qui sauve la situation en disant : « Montons un spectacle ! »

J'ai secoué la tête d'un air dérouté.

— D'abord, tu as dit une fête, Éric. Maintenant, tu parles d'un spectacle. Décide-toi ! Qu'est-ce que tu veux, au juste ?

— Eh bien, il n'y a pas assez d'acteurs, au manoir, pour monter un spectacle. Alors, on va faire une fête.

— Est-ce que j'ai manqué quelque chose ? De quoi est-ce qu'on parle ? Qu'est-ce que les vieux films américains viennent faire là-dedans ?

Éric m'a traînée par la main jusqu'au sofa et s'est assis à côté de moi. Il était tout agité et une étincelle brillait dans ses yeux bleus.

— En te voyant faire des grimaces dans le miroir, j'ai compris ce qui clochait chez nous tous, au manoir.

— Tu veux dire que tu viens juste de remarquer qu'on est tous malades ? lui ai-je demandé, incrédule.

— Mais non, idiote. Je veux dire qu'on a tous des problèmes qui nous font paraître… différents des gens en bonne santé.

— Ça, c'est sûr ! ai-je convenu.

— Et notre drôle d'apparence nous rend aussi malheureux que notre maladie elle-même.

J'ai réfléchi un instant. Éric avait raison. Avoir l'air bizarre, pour un jeune, c'est aussi terrible que d'être affreusement malade, sinon plus. J'ai alors pensé à tous les jeunes patients du manoir que j'avais rencontrés la veille.

D'abord Rachel, l'anorexique, qui est pâle comme un linge et maigre comme un clou, mais qui se sent comme la grosse femme du cirque. Bel exemple d'un double problème !

Ensuite, la jolie Lydia, avec sa déviation de la colonne. On l'a opérée et elle porte maintenant un appareil orthopédique. Elle a peur que ses amis la laissent tomber parce qu'elle a « l'air d'une conne ». C'étaient ses mots, pas les miens. Personnellement, je n'ai pas une très haute opinion de ses amis.

Puis il y a Sylvain, atteint de dystrophie musculaire et obligé de se déplacer en fauteuil roulant. Il m'a dit qu'il était fatigué de se faire dévisager dans les restaurants et les magasins.

Il y a aussi Karine, avec sa superbe tignasse blonde. Le cancer des os lui a fait perdre une jambe et elle attend un membre artificiel. Elle m'a dit avec tristesse qu'elle ne pourrait plus jamais porter de bikini. Je lui ai dit qu'elle serait toujours jolie, en bikini ou autrement. J'ai bien peur de ne pas avoir réussi à la convaincre.

Ensuite, il y a Éric, et moi, évidemment, et Daniel — mon Daniel — avec sa tête de vieillard et sa casquette de baseball. Jamais personne n'allait se moquer de son apparence. Pas devant moi !

— Oui, ai-je dit lentement. Je suppose que tu as raison de dire qu'on a tous des petits problèmes d'image, Éric.

— Exactement ! C'est pour ça que l'idée d'une fête est géniale.

— Pourquoi ? Qu'est-ce qu'une fête a de si magique ?

— Parce que, a-t-il répondu en détachant ses syllabes, on va faire une fête costumée. On va se montrer comme on est. On va se défouler, Isabelle, et tant pis si on est différents. Et on va s'amuser comme on ne l'a pas fait depuis longtemps. Et peut-être qu'on va mieux s'accepter, après.

— Une fête costumée ? Je ne peux même pas imaginer en quoi je pourrais me déguiser, Éric.

Je me suis précipitée vers le miroir.

— Tant qu'à se défouler, je vais laisser tomber la perruque. Au moins, ce sera plus confortable. Ça me donne chaud et ça pique.

J'ai tourné la tête à gauche et à droite, tentant de me voir de profil.

— Je veux avoir l'air… exotique. Oui, c'est ça, exotique !

Je me suis regardée plus attentivement. Avec beaucoup de maquillage, surtout autour des yeux, et quelques épingles de sûreté collées à mes oreilles, je pourrais avoir l'air d'une punk rock.

— Qu'est-ce que tu dirais d'une punk ? ai-je demandé à Éric. Tu pourrais t'habiller en punk, toi aussi. On formerait un couple assorti. Et je vais trouver quelque chose de mignon pour Daniel. Peut-être que je pourrais l'habiller en petit lutin. Et…

J'ai tourné le dos au miroir et j'ai fait face à Éric.

— Alors, qu'est-ce qui vient ensuite, dans tes films ?

— Quoi ?

— Quand quelqu'un dit : « Montons un spectacle ! », ai-je répété patiemment, qu'est-ce qu'on lui répond ?

Éric a plissé le front avant de répondre :

— Je crois qu'on dit : « Super ! Quelle bonne idée ! » ou quelque chose du genre. Et puis on rassemble toute la bande.

Alors j'ai fait un sourire plein d'espoir et j'ai proclamé :

— Super ! Quelle bonne idée ou quelque chose du genre ! Oui, on va faire une fête !

Puis, bras dessus, bras dessous, Éric et moi on a quitté le salon pour aller rassembler toute la bande.

CHAPITRE 7

La fête a eu beaucoup de succès.

On a facilement obtenu la permission de l'organiser. Le personnel nous a supportés. Presque trop, même. Comme c'était la première fois que ça avait lieu au manoir, les membres du personnel se sont bousculés pour nous aider. Éric et moi, on a dû leur expliquer avec tact que c'était important pour nous, les jeunes, de tout faire nous-mêmes. Les adultes pourraient participer sur invitation seulement.

On a quand même accepté l'offre de madame Bradette qui a proposé de préparer la bouffe. D'abord, elle a interdit à tout le monde de mettre les pieds dans sa sacro-sainte cuisine. Ensuite, elle a menacé de nous servir son redoutable et mystérieux pain de viande — sa seule maladresse culinaire — tous les soirs, jusqu'à la fin des temps, si on lui refusait ce plaisir.

Andrée et Benoît Sergerie, les travailleurs sociaux qui vivent au manoir, nous ont offert de nous aider pour l'éclairage et le son. C'est un couple très gentil, enjoué et serviable, toujours prêt à donner un coup de main.

Une fois tous ces détails réglés, on s'est occupés de la décoration et des costumes. Je ne voulais pas parler de mon déguisement, mais ça m'a échappé et tout le monde a trouvé géniale mon idée de la punk. À tel point qu'on a décidé que chacun personnifierait une célébrité. Pas nécessairement une vraie célébrité. Ça pouvait être une vedette fictive, un personnage inventé de toutes pièces.

Comme on n'avait pas beaucoup d'argent, la décoration devait être simple et ne pas coûter cher. Tout le monde a opté pour des ballons, sans aller jusqu'aux serpentins.

— C'est trop enfantin, a déclaré Rachel. Il nous faut quelque chose de plus sophistiqué.

C'est Sylvain qui a eu la meilleure idée. Assis dans son fauteuil roulant, les mains croisées sur la poitrine, il a proposé :

— Des affiches ! On va mettre des affiches de vedettes sur les murs.

C'était parfait. Tous ceux qui avaient des affiches dans leur chambre, à la maison, demanderaient à leurs parents de les apporter, et on ferait une collecte pour en acheter d'autres. Il y avait une boutique d'affiches à deux pas du manoir.

On a alors discuté de ce que le comité des affiches achèterait.

— Si on en achetait une de Lucky Luke, a suggéré Sylvain. Moi, je l'aime bien.

— Franchement, Sylvain, a rétorqué Lydia. Un personnage de bande dessinée ?

Lydia, c'est la fille qui porte un corset orthopé-

dique. Elle nous a déjà dit qu'elle voulait entreprendre des études en arts. Elle avait une autre
suggestion.

— J'en ai vu une super de Van Gogh, après
qu'il se soit coupé l'oreille. Ça, c'est une célébrité.
Sans compter qu'il a un air triste et mélancolique
sur l'affiche. Saviez-vous que personne n'a jamais
acheté une de ses toiles de son vivant ?

— C'est répugnant, s'est écriée Rachel. Est-ce
qu'on voit la plaie qui saigne ?

— Bien sûr que non, a répondu Lydia. On le
voit sous son bon profil. Mais il a un air très triste.
Comme le génie solitaire qu'il était.

— Y a pas à dire, ça va nous mettre dans l'esprit
de la fête, a lancé ironiquement Sylvain. Bravo
pour Van Gogh !

— Bon, d'accord, suggère donc autre chose,
toi, a rétorqué Lydia.

Éric s'est alors interposé :

— Je propose qu'on laisse carte blanche au
comité des affiches. Aucune objection ? Adopté à
l'unanimité !

Le comité des affiches était formé de Sylvain,
Rachel et Alain Smith, un patient externe qui
venait faire de la physiothérapie deux fois par
semaine. Après un terrible accident de voiture, on
l'avait opéré, puis il avait dû porter un plâtre très
longtemps. Depuis, il boitait.

On avait décidé d'inviter les patients externes
comme Alain, parce que même s'ils ne vivaient pas
au manoir, ils en faisaient partie et s'inquiétaient

autant que nous de leur image corporelle et de leur avenir. Aline Kirouac, la jeune bénévole, était invitée elle aussi parce qu'elle était vraiment devenue l'une des nôtres. En tout, on serait une vingtaine.

Garde Généreux a emmené les membres du comité à la boutique d'affiches dans sa fourgonnette. Roger Fecteau les a accompagnés pour aider Sylvain dans son fauteuil roulant. Il a offert de conduire, mais tout le monde a protesté.

— On dirait que la confiance règne en ce qui concerne mes aptitudes de conducteur, s'est-il exclamé. Vous saurez qu'au volant, je suis aussi habile que les Villeneuve eux-mêmes !

Le grand soir arrivé, la salle de récréation était vraiment super. On pouvait être fiers de la décoration. Les affiches rehaussaient les murs de pin et mettaient dans l'ambiance de la fête.

Il y avait des fleurs coupées partout, grâce au père de Rachel, qui est fleuriste. La chaîne stéréo jouait de la musique en sourdine et de grosses bougies brillaient sur toutes les tables.

Madame Bradette avait couvert la table de ping-pong d'une nappe brodée et, tout excitée, y avait déposé ses plus fines créations culinaires.

On savait tous qu'elle s'affairait comme une damnée dans sa cuisine depuis des jours, mais on était loin de s'attendre à autant de gâteries. Il y avait des feuilletés bien dorés fourrés de garnitures à s'en lécher les doigts, des boulettes de viande à la sauce aigre-douce, des rouleaux impériaux accompagnés de moutarde forte, des tranches de jambon, de rosbif, de poulet, et plein d'autres choses. Il y en avait pour nourrir une petite armée, mais avant même la fin de la soirée, tout avait disparu comme par enchantement.

Au bout de la pièce, on avait installé une petite scène pour le spectacle qui devait se dérouler à la fin de la soirée et auquel les adultes étaient invités.

Tous ceux et celles qui voulaient chanter, réciter ou faire un numéro en play-back étaient invités à s'exécuter. Et il y a eu un grand nombre de volontaires.

Rachel et Aline Kirouac sont arrivées toutes les deux habillées en Marie Carmen. Aline avait trouvé une longue perruque noire assortie à la chevelure de Rachel. Les yeux maquillés à outrance, elles portaient toutes les deux une tunique et des collants noirs. Comme Rachel est grande et mince, et Aline, petite et trapue, elles ont appelé leur duo « Marie et Carmen ». Elles ont chanté une chanson qui dit « Abandonne-toi ! » et donne le goût de mordre à la vie. On les a beaucoup appréciées.

J'étais assez fière des costumes que j'avais trouvés pour Daniel et son compagnon de chambre, Alexandre. Alexandre a sept ans et il attend une greffe du rein. Il doit subir une dialyse trois fois par semaine, mais, le soir de la fête, il était en pleine forme.

Je les avais déguisés en elfes, comme les trois petits personnages du film *Le Magicien d'Oz* qui représentent la guilde des confiseurs et qui offrent à l'héroïne une énorme sucette en lui souhaitant la bienvenue au pays des Munchkinz. Je les avais coiffés d'une petite calotte et leur avais enfilé de longues chaussettes rayées et d'immenses t-shirts verts. Puis je leur avais appris la chanson des trois Munchkinz, courte et facile à retenir, et quelques pas de danse. Leur numéro a déclenché un tonnerre d'applaudissements.

Pendant que tout le monde applaudissait et tapait du pied, Daniel se cachait le visage derrière ses petites mains en jetant des regards furtifs entre ses doigts, ce qui a fait redoubler les acclamations.

Sylvain a fait un numéro d'humour. Il est arrivé habillé en joueur de tennis, avec l'inscription suivante accrochée au dossier de son fauteuil : « Le tennis en fauteuil roulant ». Il prétendait être André Agassi, devenu vieux et arthritique, s'apprêtant à jouer un double en fauteuil roulant avec Ivan Lendl, Steffi Graf et Martina Navratilova.

— Il pourrait vraiment être un humoriste, s'est exclamé Alain. Il est super.

Quand Sylvain est venu nous retrouver près du buffet, on lui a transmis le compliment. L'idée de devenir humoriste ne lui avait jamais traversé l'esprit, mais peut-être qu'elle allait faire son chemin et lui donner un but.

— Pourquoi pas ? s'est-il exclamé. Si on peut s'exécuter sur un court de tennis en fauteuil roulant, pourquoi pas en spectacle sur une scène ?

C'est ce soir-là que j'ai fait ma première apparition en public la tête complètement dégarnie.

J'avais décidé de plonger et de couper ce qu'il me restait de cheveux. L'expérience a été traumatisante, mais une fois terminée, je me suis trouvée beaucoup mieux qu'avec des petites touffes éparses. Puis je me suis maquillée en n'y allant pas de main morte et j'ai mis les vêtements les plus excentriques que j'ai pu trouver. Pour finir, je me suis collé une grosse épingle de sûreté sur l'oreille droite.

Je prétendais être Dalila. Éric, qui était déguisé dans le même style que moi, personnifiait Samson. On a fait semblant d'être un fabuleux duo de chanteurs pop. Un Samson au crâne dégarni et une Dalila chauve !

On a dansé sur une musique rap. Enfin, disons plutôt qu'Éric a dansé le rap pendant que moi je le suivais, comme son faire-valoir.

Pendant que je dansais, il s'est passé une chose étrange. Je me suis rendu compte que pour la première fois, depuis ma chimiothérapie, mon apparence ne me gênait pas. C'est peut-être parce qu'on avait tous les mêmes problèmes et que personne ne nous dévisageait en se demandant ce que nous avions.

Je suis sûre que je n'étais pas la seule à me sentir comme ça. Éric l'avait prédit, les autres aussi étaient naturels.

Même Lydia, si orgueilleuse d'habitude, n'a pas tenté de dissimuler son corset orthopédique. Normalement, elle porte d'immenses chandails à col montant et des vestes amples pour camoufler l'armature qui maintient sa colonne des hanches jusqu'au cou. Mais elle est arrivée habillée en Marjo, portant des shorts et des bas noirs en filet, avec l'allure provocante qui a fait la popularité de cette vedette. Sauf qu'elle portait son armature pardessus ses vêtements, comme si elle se fichait complètement de ce que les autres pouvaient penser.

En fait, je l'ai trouvée aussi belle, sinon plus, qu'une grande vedette pop. Peut-être parce que je la voyais rire pour la première fois. Elle avait l'air heureuse, et une sorte d'éclat la transformait complètement.

Karine a été le clou de la soirée. Karine a perdu une jambe à cause du cancer des os. Elle est arrivée vêtue en Peter Pan, le personnage qui vivait au pays des fées et refusait de vieillir. Elle a chanté « J'ai des ailes », une chanson du film de Walt Disney. Dans le film, Peter Pan enseigne à ses amis à voler, leur expliquant qu'il s'agit simplement d'une victoire de l'esprit sur la matière. Il leur dit qu'en pensant très fort à une chose agréable et merveilleuse, on peut s'envoler.

C'était juste une toute petite chanson, une chanson pour enfants, en réalité. Alors comment expliquer la boule que j'avais dans la gorge pendant que Karine chantait de sa voix pure et claire de soprano qui s'élevait et me transportait ?

Elle se tenait sous le projecteur, appuyée sur ses béquilles. La jambe vide de son collant vert était repliée et attachée sous la frange de sa tunique.

La jambe qui lui restait était mince et jolie.

Karine regardait au-dessus de l'auditoire avec

des yeux intrépides, des yeux tournés vers l'avenir et qui ne craignaient pas ce qu'ils y voyaient.

Ce qu'elle essayait de nous dire, c'est que personne n'est enchaîné au sol. Qu'on peut tous, sans exception, s'envoler et s'élever vers le ciel si on y croit. Il n'en tient qu'à nous. Tout le monde a été frappé par le charme de sa voix et la beauté de son message.

Après sa chanson, les applaudissements étaient modérés, mais plusieurs s'essuyaient les yeux en douce. Au fond de la pièce, le docteur Gravel se mouchait discrètement. Andrée et Benoît Sergerie étaient enlacés, et madame Généreux, qui n'est pas la discrétion incarnée, s'est précipitée sur la scène pour serrer Karine dans ses bras.

Plus tard, quand tout le monde est allé au lit, on est restés, Éric et moi, dans la salle de récréation en désordre.

— As-tu remarqué, Éric, comme tous les jeunes se sentaient près les uns des autres ? Bien plus qu'avant qu'on pense à organiser la fête.

— Oui, a-t-il répondu en riant. J'ai même entendu Rachel et Sylvain se disputer. Avant, ils étaient comme des étrangers polis. Maintenant ils se chamaillent comme frère et sœur.

— Et tu crois que c'est à cause de la fête ? Tu penses qu'une simple fête peut rapprocher les gens comme ça ?

Éric a réfléchi un moment avant de me répondre.

— Normalement, non, je suppose. Mais penses-y, Isabelle. Ici, au manoir, personne n'est vraiment normal. On a tous des problèmes particuliers, et on est pratiquement les seuls à comprendre ce qui nous arrive.

— Tu as raison, ai-je admis en pensant à la difficulté que j'avais, ces derniers temps, à parler normalement avec ma famille.

Après un moment de silence, Éric a ajouté :

— La camaraderie des survivants. C'est comme ça qu'on l'appelle.

— Quoi ? Qu'est-ce que tu racontes ?

— La camaraderie des survivants. C'est une sorte de rapprochement très spécial qui unit les gens quand ils vivent une expérience dangereuse et qu'ils doivent compter les uns sur les autres, comme dans un canot de sauvetage à la dérive. Ou comme des hommes qui vont au combat ensemble. Ils partagent quelque chose d'unique.

— Je vois, ai-je répondu pensivement. Et tu dis que c'est ce qui se passe au manoir ?

— Oui. C'est comme si on était dans un canot de sauvetage et qu'on ramait ensemble, parce qu'on a besoin les uns des autres et qu'on est tous bien décidés à survivre.

— Survivre. J'espère, oui, qu'on sera tous des survivants.

CHAPITRE 8

Plus tard, avec le recul, la fête m'a fait penser à un Mardi gras d'autrefois, quand tout le monde se déguisait et s'amusait à la veille de la longue et triste période du carême.

Une sorte de carême a commencé pour moi juste après la fête.

Au cours d'un examen, le docteur Gendron, l'oncologue du Manoir de l'Espoir, m'a annoncé que je retournerais à Saint-Étienne dans deux semaines pour mes nouveaux traitements de chimiothérapie.

Comme je les redoutais ! À cause, bien sûr, des horribles nausées et de la fatigue qu'ils entraînent. Mais ce qui me faisait le plus peur — une peur bleue —, c'est que je savais que cette nouvelle série de traitements était décisive. S'ils ne réussissaient pas à m'amener à une rémission complète cette fois-ci, je devrais affronter le fait que, peut-être, je ne vivrais pas assez longtemps pour faire de vieux os, comme on dit.

Je n'avais jamais vraiment pensé à la mort avant. J'avais vu des gens mourir au cinéma et à la télé, sans jamais relier cette réalité à ma personne. Je me disais que ça devait arriver à tout le monde un jour, mais que je n'aurais pas à m'en préoccuper avant très, très longtemps. C'est du moins ce que je croyais.

Et voilà qu'à quatorze ans, je faisais face à la possibilité que moi, Isabelle Martin, je pouvais disparaître de la face du monde, comme une bougie qu'on souffle et qui nous laisse soudainement dans l'obscurité.

La psychothérapie que j'avais commencée avec le docteur Gravel m'aidait. Au début, j'ai résisté. Je croyais que la thérapie était faite pour les gens atteints de maladie mentale. À la longue, j'ai constaté que ça ne ressemblait pas du tout à ce que j'avais imaginé, et j'avais hâte à la séance suivante.

Je n'avais pas besoin de m'allonger sur un divan pour débiter au docteur Gravel mes souvenirs d'enfance. On s'assoyait tout simplement et on parlait de moi, de ce que je ressentais à propos de différentes choses. Toutes sortes de choses, pas seulement ma leucémie, même si, évidemment, il en était beaucoup question.

Ce que j'aimais du docteur Gravel, c'est qu'il ne me disait pas, contrairement à la plupart des adultes, quoi penser ou ne pas penser, ni que j'avais tort. Non. Il me laissait parler, me posait à l'occasion une question qui m'aidait à analyser mes sentiments.

J'avais parfois l'impression de lui lancer mes idées, comme une joueuse de tennis novice qui s'exerce à lancer des balles à son instructeur. Et mes pensées semblaient toujours me revenir claires et précises, tout comme la balle d'un professionnel revient toujours bien placée devant un joueur débutant.

Bien sûr, tout ça a fait remonter à la surface ma jalousie envers Jasmine. Quand j'en ai parlé au docteur Gravel, je lui jetais des coups d'œil à la sauvette, craignant sa désapprobation. Il avait rencontré Jasmine. Et quand on rencontre Jasmine, même la première fois, on voit bien qu'elle est bonne et affectueuse. Alors, qu'allait-il penser de moi, la méchante ?

Le docteur Gravel n'était ni indigné, ni désapprobateur.

— La rivalité entre frères et sœurs existe depuis que le monde est monde, m'a-t-il dit.

— Oui, regardez Caïn et Abel, ai-je répliqué.

— Tu choisis un cas extrême, Isabelle, a dit le docteur Gravel en riant. Je ne pense pas que tu sois dans la même ligue que Caïn.

Alors nous avons parlé de la jalousie et de son effet destructeur, surtout pour la personne jalouse. À la fin de la séance, le docteur Gravel m'a remis un recueil de nouvelles d'anciens auteurs russes. Il y en avait surtout une qu'il voulait que je lise pour qu'on puisse en discuter à notre prochaine rencontre.

C'était l'histoire d'un groupe de vieillards alités dans une salle d'hôpital. L'un d'eux avait son lit près de la fenêtre. Comme c'était la seule fenêtre, les autres malades lui en voulaient d'occuper la meilleure place.

Mais cet homme était bon. Toute la journée, il leur racontait toutes les belles choses qu'il voyait par la fenêtre. Il leur décrivait les jeux des enfants, les arbres, les fleurs, le passage des saisons. Mais cela les rendait encore plus jaloux. Ils se sont arrangés pour qu'il soit privé de soins au moment où il en avait le plus besoin. Alors, l'homme près de la fenêtre est mort et un autre a pris sa place.

Le nouveau avait très hâte de voir toutes les belles choses que le premier avait décrites. Le lendemain, au lever du soleil, il s'est donc empressé de regarder par la fenêtre, et il a vu... un vilain mur complètement nu.

Ces auteurs russes du dix-neuvième siècle avaient vraiment le don de raconter une histoire. Émue, j'ai refermé le livre et je me suis mise à pleurer.

Je me reconnaissais dans ces affreux vieillards jaloux, et je retrouvais quelque chose de Jasmine dans l'homme qui essayait d'égayer la vie de ses compagnons.

« C'est tout ce que nous rapporte la jalousie, me suis-je dit. Une vue misérable et déprimante sur un vilain mur nu. » Peut-être que je l'avais toujours su, tout au fond de moi, mais sans me l'expliquer aussi clairement.

Je me suis rappelé ce qu'un professeur de français nous avait dit un jour : « Un bon écrivain sait utiliser les mots pour cristalliser une émotion forte. » C'est ce que l'auteur russe avait fait.

À ma séance suivante avec le docteur Gravel, on a parlé de cette histoire et de la réaction que j'avais eue en la lisant. Pour finir, je lui ai dit, pleine d'enthousiasme :

— Comme ça, docteur, je ne serai plus jamais jalouse de Jasmine.

Ma remarque l'a fait sourire.

— Ce n'est pas aussi simple, Isabelle. Tu ne peux pas éteindre aussi facilement une émotion forte comme la jalousie.

— Non ? Qu'est-ce que je dois faire, alors ?

— Continuer dans la direction que tu as prise. Tu as fait le premier pas en envisageant ton problème franchement et honnêtement. Tu as reconnu que la jalousie est un sentiment destructeur pour toi et injuste pour ta sœur. Tu as accepté tout cela dans ta tête. Maintenant, petit à petit, tu vas l'accepter aussi dans tes émotions. Dis-toi que la jalousie est une mauvaise habitude et qu'on ne se débarrasse pas d'une mauvaise habitude du jour au lendemain.

Le docteur Gravel avait raison. Je savais dans ma tête que j'avais tort de penser « Pourquoi pas elle ? » quand je voyais les épais cheveux noirs de Jasmine briller sous les reflets de la lumière. Je savais très bien que mes prochains traitements de chimio allaient détruire le pauvre duvet qui commençait à apparaître sur mon crâne.

Mon esprit savait que j'avais tort, mais un petit gargouillis au creux de l'estomac me rappelait que le démon de la jalousie était toujours présent et qu'il me grugeait de l'intérieur.

Dans ces moments-là, je m'efforçais de penser à l'histoire russe pour visualiser l'affreux mur qui est la seule récompense d'un cœur jaloux. Et assez vite, plus vite que je l'avais imaginé, en quelques jours, en fait, je me suis sentie mieux. J'étais plus heureuse, plus propre, comme nettoyée à l'intérieur. C'est une sensation difficile à expliquer, mais tout le monde l'a éprouvée au moins une fois dans sa vie. C'est comme quand on fait une bonne action, ou qu'on offre à quelqu'un un beau cadeau, ou qu'on réconforte quelqu'un par des paroles encourageantes. C'est ce genre de sensation.

Je savais que j'étais enfin sur la bonne voie !

Le plus ironique dans tout ça, c'est que maintenant que je recommençais à agir comme une personne normale, c'est Jasmine — la belle, la merveilleuse Jasmine — qui agissait de façon bizarre.

CHAPITRE 9

On rencontrait aussi le docteur Gravel en famille.

L'an dernier, à l'école, on avait monté une pièce sur l'histoire d'une famille bizarre et farfelue. S'il y avait une famille qui avait besoin d'une thérapie, c'était bien celle-là ! En comparaison, la mienne était on ne peut plus normale. C'est du moins ce que maman disait.

Alors, encore une fois, patiemment, le docteur Gravel a expliqué pourquoi notre famille avait besoin d'une thérapie, et que cela ne signifiait pas que quelqu'un se comportait de travers.

— Une expérience aussi traumatisante que le cancer a des effets sur toute la famille, a-t-il dit. Aucun de ses membres ne peut traverser cette épreuve sans se trouver changé par la suite. Mon rôle est de faire en sorte que ce changement soit pour le mieux.

Il a ajouté que la famille devait être une cellule réconfortante pour la personne atteinte de cancer, que tous les membres devaient se donner la main, et que cela n'était possible que par la communication.

Seigneur! Il venait de mettre le doigt sur le bobo. « S'il faut de la communication dans ma famille pour que ma santé s'améliore, me suis-je dit, aussi bien jeter la serviette tout de suite! »

Avec ma mère, la discussion était presque impossible. Comme je l'ai déjà dit, sa façon d'affronter ma leucémie était de faire semblant que tout allait sur des roulettes et d'éviter toute allusion à ce qui risquait d'arriver si ma chimio n'amenait pas une rémission complète.

Par contre, même si c'était frustrant de parler avec maman, au moins elle parlait. Mon père, lui, était comme un bloc de pierre. L'impassibilité peut paraître noble et inspirante dans les livres, mais dans la vraie vie, c'est dur à prendre.

Et puis, bien sûr, il y avait Jasmine. Ou plutôt, il n'y avait pas Jasmine. Ma sœur manquait presque toutes les séances de thérapie. Ses activités parascolaires l'occupaient tellement que je la voyais à peine. Et quand elle venait, elle ne tenait pas en place, elle était tendue et crispée, et elle n'abordait que des sujets non compromettants, comme les garçons et les études.

Jasmine est venue me voir un jour où il n'y avait pas de séance de thérapie familiale. Je pense qu'elle l'a fait exprès, pour pouvoir jouer sa petite comédie sans risquer d'être prise.

Je l'ai emmenée dans le salon, qui était calme et désert. L'odeur du feu de foyer de la veille flottait encore, et le soleil oblique de l'après-midi, qui coulait par la grande fenêtre, jetait un reflet doré sur la pièce.

Après avoir parlé de tout et de rien, j'ai voulu faire une tentative de communication.

— Tu ne viens pas très souvent, Jasmine, lui ai-je dit.

Elle s'est levée en évitant mon regard et est allée nerveusement à la fenêtre. Me tournant le dos, elle est restée plantée là à jouer avec le cordon de la draperie. Elle n'a pas répondu.

Furieuse, je me suis demandé comment on pouvait communiquer avec le dos d'une personne. Comment peut-on forcer quelqu'un à parler ?

— J'aimerais que tu me parles, Jasmine.

Il n'y a pas si longtemps, j'aurais été contente de pouvoir éviter ma sœur, surtout de pouvoir éviter le fameux « Pourquoi moi ? Pourquoi pas elle ? ». Mais maintenant j'essayais d'agir correctement. Je ne savais pas ce qui allait m'arriver dans les prochains jours et je voulais retrouver ce qui nous avait déjà unies, Jasmine et moi.

J'aurais aimé pouvoir le lui dire sans détour, mais les mots se bousculaient dans ma tête et je n'arrivais pas à les exprimer. À la place, j'ai lancé :

— Jasmine ? As-tu entendu ce que je viens de dire ?

Elle s'est retournée à contrecœur et m'a répondu dans un soupir :

— Oui, Isabelle, j'ai entendu.

Puis elle a regagné nonchalamment son fauteuil et s'est mise à tapoter les coussins à n'en plus finir avant de répondre à ma question.

— Si je ne viens pas aussi souvent que je le voudrais, c'est qu'il se passe des tas de choses à l'école, a-t-elle fini par dire. Tu verras, quand tu seras sur le point d'achever ton secondaire, toi aussi, et que tu ne sauras plus où donner de la tête.

— Mais tu ne viens jamais aux séances de thérapie familiale, ai-je continué.

— Je n'en vois pas la nécessité, c'est tout, a-t-elle rétorqué en s'assoyant enfin. On est une famille normale, équilibrée, on n'a pas besoin de thérapie.

— Oui, Jasmine. On en a tous besoin.

Elle a hoché la tête.

— Eh bien, moi, je n'en ai pas besoin. De toute façon, tu vas bientôt recommencer ta chimio, puis tu vas revenir à la maison et tout rentrera dans l'ordre.

Après son départ, je suis restée là à me dire qu'elle avait tort. Que plus jamais rien, dans notre famille, ne serait comme avant. Jamais.

La fois suivante, le docteur Gravel a essayé de nous expliquer, à mon père, à ma mère et à moi, le comportement de Jasmine.

— Ce n'est pas que Jasmine ne t'aime plus, Isabelle. Au contraire. Sa façon d'agir montre qu'elle tient beaucoup à toi.

— Qu'est-ce qui vous fait croire ça, docteur ? lui ai-je demandé.

— Son comportement est un exemple classique de refus. Et le refus est une forme de chagrin.

Jasmine est si terrifiée à l'idée de te perdre qu'elle prend ses distances et essaie de faire comme s'il n'y avait pas de problème…

Je ne comprenais rien à tout ça. Rien du tout.

— Jasmine ne voit donc pas que j'ai besoin d'elle, en ce moment ?

— Tu n'es pas injuste ? m'a demandé ma mère. Jasmine t'a toujours gâtée et chouchoutée. Maintenant qu'elle souffre, est-ce que tu ne lui en demandes pas trop ?

Elle prenait bien soin de poser une question et non de faire une affirmation, comme l'avait recommandé le docteur Gravel au tout début de la thérapie.

— Non, ai-je répondu catégoriquement. Tout ce que je lui demande, c'est de venir me voir de temps à autre.

Le docteur Gravel est intervenu :

— J'aimerais qu'on poursuive cette discussion une autre fois, quand Isabelle aura eu l'occasion de réfléchir à ce que j'ai dit au sujet du comportement de Jasmine, de son chagrin. Peut-être que si elle voit les choses sous un autre angle…

Voilà à quoi ressemblait notre thérapie. C'était bien de désamorcer les tensions, mais, même après avoir réfléchi à ce que le docteur Gravel avait dit, je ne comprenais toujours pas le comportement bizarre de Jasmine.

Quant à ma mère, elle a été surprise quand je lui ai dit comment je me sentais face à son attitude de meneuse de claque.

— Ça me fait peur, ai-je tenté d'expliquer. Chaque fois que tu agis comme ça, c'est toujours pour dissimuler quelque chose d'épouvantable. C'est comme la fois que tu as eu un accident avec l'auto et que tu es rentrée à la maison comme si de rien n'était, comme si c'était la chose la plus naturelle du monde.

Maman a froncé les sourcils.

— Vraiment, Isabelle ! Comment peux-tu…

Puis elle s'est ressaisie et a réfléchi un peu. On n'était pas censés s'apostropher. Il fallait prendre le temps de réfléchir aux paroles de l'autre.

— Moi, une meneuse de claque ? a-t-elle repris calmement. Peut-être, mais ce n'est pas ce que j'ai toujours fait, ce n'est pas ce que doit faire une mère pour stimuler toute la famille ?

— Oui, bien sûr, maman, mais tu… tu forces tellement la note !

Je ne sais pas si maman m'a entendue. Elle a enchaîné, comme si elle se parlait à elle-même :

— Quand tu étais petite et que tu m'arrivais avec une égratignure, je l'embrassais pour faire disparaître le mal et je jouais avec toi pour te faire oublier. Tu avais l'habitude de dire : « Maman, guéris le bobo ! »

Ma mère a mis ses mains sur ses yeux, puis elle a continué :

— Je suppose que c'est ce que j'essaie de faire maintenant. Les baisers n'ont rien donné. Je joue un jeu pour faire disparaître le mal.

Derrière ses mains, je voyais des larmes couler

sur ses joues, comme des gouttes de pluie sur les carreaux d'une fenêtre.

— Oh ! j'aimerais tellement pouvoir guérir le bobo, cette fois-ci, Isabelle !

On s'est tous mis à pleurer. Même papa.

Les gens parlent parfois du bon côté des larmes. Ils disent : « J'ai pleuré un bon coup et ça m'a fait du bien. » Je ne savais pas que les larmes pouvaient être bonnes. Pour moi, pleurer, c'était une chose triste, jamais une bonne chose. Ce jour-là, on a pleuré et ça nous a fait du bien.

À la séance suivante, on a parlé du silence de mon père, de son attitude impassible. C'est maman qui a mis le sujet sur la table, pas moi. Elle a dit :

— Je me sens tellement seule, Georges. Si seulement tu pouvais me parler. Me dire quelque chose. Me dire comment tu te sens.

Il en a fallu du temps avant qu'il se décide à parler. Maman et moi on le suppliait de nous dire ce qui se passait dans sa tête.

Et il se passait vraiment quelque chose dans la tête de papa. Quelque chose d'assez gros pour que sa petite veine du front reste là en permanence. Maman a mentionné, aussi, que son ulcère d'estomac faisait des siennes. Il avalait de l'antiacide comme si c'était du soda. Finalement, papa s'est décidé. Il a dit qu'il avait du mal à exprimer ses sentiments. Maman a roulé des yeux en l'entendant, mais un regard du docteur Gravel l'a vite incitée à se contenir.

— J'avais l'impression que je devais me montrer fort, pour le bien de tout le monde, a avoué papa.

— Mais tu peux être fort et parler quand même, lui ai-je dit. Tu es mon père. J'ai besoin de savoir ce que tu penses.

Et ça a continué comme ça longtemps, papa s'accrochant à l'idée que les vrais hommes ne pleurent pas, ne se plaignent pas, ne dévoilent pas leurs sentiments et n'expriment pas leurs peurs.

Comme me l'avait déjà dit le docteur Gravel, on ne peut pas changer du jour au lendemain. Mon père ne sera jamais un modèle de l'homme nouveau qui partage et communique, mais au moins il s'ouvrait un peu, pas beaucoup, mais un peu quand même. Il avait compris que c'était important pour maman et moi.

Il m'a dit une chose que je savais depuis toujours mais que j'avais besoin d'entendre. Il m'a dit qu'il m'aimait et qu'il donnerait tout ce qu'il avait, y compris sa propre santé, pour que je retrouve la mienne.

Ce jour-là, en quittant le bureau, papa et maman se tenaient par la taille.

Le docteur Gravel nous a raconté une chose presque incroyable, surtout si l'on pense à quel point mes parents se sont rapprochés avec le temps. Il nous a dit que le cancer des enfants entraînait, dans certains cas, la séparation des parents, qu'un mariage pouvait se briser comme un arbre frappé par la foudre.

Eh bien, ça n'arriverait pas chez nous ! Il y avait

trop d'amour entre nous, sans compter qu'on commençait à se comprendre les uns les autres comme jamais auparavant.

Ça me faisait penser à ce qu'Éric avait dit à propos de la camaraderie des survivants. Mes parents et moi, on vivait une épreuve terrible, mais maintenant on s'en parlait ouvertement et honnêtement. D'une façon ou d'une autre, on allait tous survivre.

Et Jasmine. Que dire de Jasmine ? Avait-elle changé ?

Non. Elle était toujours aussi étrange et continuait de nier la réalité. Mais c'était à moi de changer. Le docteur Gravel m'avait dit :

— Tu ne peux pas changer les autres. Tu peux seulement changer ta façon de réagir aux autres.

J'ai fini par comprendre ce que Jasmine ressentait, et je l'ai aimée malgré son attitude de refus. Je dirais même que je l'ai aimée à cause de ça. Après tout, ça voulait dire qu'elle m'aimait au point de ne pas pouvoir supporter l'idée de ma mort, non ? Et puisqu'elle avait enduré mon comportement stupide pendant un an et demi, je pouvais bien endurer le sien.

J'aimerais pouvoir dire que j'en étais arrivée là parce que j'avais réfléchi, parce que j'avais fini par comprendre et accepter les agissements de ma sœur. Mais ce serait mentir. Ce n'est ni la sagesse ni la maturité qui m'ont ouvert les yeux. Il a fallu que je me trouve dans la même situation que Jasmine pour comprendre sa réaction.

94

Tout ça, c'est à cause du petit Daniel. Mon Daniel.

Ce qui est arrivé, c'est que Daniel s'est mis à dépérir. Éric avait déjà essayé de me dire que Daniel ne serait pas parmi les chanceux, mais je n'écoutais pas. J'agissais exactement comme Jasmine. Je niais le fait que Daniel allait mourir.

CHAPITRE 10

Je ne peux pas expliquer ce que je ressentais pour Daniel ni pourquoi il était si spécial à mes yeux.

Peut-être que je voyais en lui l'enfant de mes rêves, le petit garçon que je n'aurais jamais. Peut-être que c'était parce qu'il avait l'air si fragile et que je ne pouvais pas résister à l'envie de le protéger. Peut-être aussi que c'était à cause de sa façon de me regarder avec ses grands yeux confiants.

Chose certaine, c'était réciproque.

Depuis le premier jour, Daniel me suivait comme une ombre. Quand on se promenait dans le jardin, il mettait sa petite main dans la mienne, comme si on avait fait ça toute notre vie. Sa main était frêle et menue, et je pouvais sentir ses os délicats. Je faisais attention de ne pas trop la serrer de peur de la briser.

On aurait dit qu'il sentait ma peur.

— Tu peux tenir ma main serré, Isabelle, disait-il. Tu ne me feras pas mal.

Et moi, pour le rassurer, je mentais.

— Mais je la tiens serré, Daniel. C'est juste que je n'ai pas la poigne très forte.

— C'est parce que t'es une fille, disait-il tout content. Moi, je suis un garçon. Quand je serai grand, j'aurai des muscles comme Éric !

Après moi, Éric était son préféré.

Quand on demandait à Daniel comment il allait, au lieu de répondre: «Bien», comme tout le monde, il disait toujours: «Oh ! mieux.»

J'avais le coeur brisé de penser que, pour ce petit bonhomme qui avait été si malade toute sa vie, se sentir mieux c'était déjà beaucoup.

Depuis la célèbre fête, il me vouait une admiration sans borne. Il me trouvait géniale de les avoir déguisés en elfes, lui et Alexandre, et de leur avoir appris la chanson et les pas de danse. À ses yeux, j'étais parfaite. C'était une terrible responsabilité et j'avais toujours peur de le décevoir.

Il n'avait que six ans. Je me souvenais qu'à cet âge j'éprouvais pour Jasmine exactement ce qu'il éprouvait pour moi. Craignait-elle de me décevoir, elle aussi, de faire quelque chose qui m'aurait détournée d'elle ?

Peut-être bien. Et c'est peut-être pour ça qu'elle avait accepté toutes mes bêtises, la dernière année, sans m'envoyer paître. En même temps, je savais que, si Daniel était devenu vilain avec moi, j'en aurais sans doute pris mon parti, moi aussi, comme Jasmine.

Être l'idole de quelqu'un, ce n'est pas de tout repos. Je m'en rends compte, à présent. Comment Jasmine a-t-elle fait pour m'avoir toujours dans les jambes, pendant toutes ces années, sans se rebeller ?

Et moi, est-ce que je me rebellerais si j'avais Daniel aux trousses pendant des années et des années ? Non. Non, je me trouverais chanceuse de l'avoir dans ma vie.

Après la fête, j'ai dit adieu aux perruques. Je me suis mise à porter un fichu autour de la tête, à la manière des pirates, avec de grands anneaux aux oreilles.

Éric trouvait que je ressemblais à une doudou.

Daniel adorait cette expression. Il aimait m'appeler « sa doudou ».

On faisait même un petit jeu ensemble. Il chantonnait :

— Hou ! Hou ! t'es ma doudou.

Et moi je répondais :

— Et toi, mon p'tit bout de chou.

Puis il reprenait :

— Dis-moi des mots doux, doudou.

Ce à quoi je rétorquais :

— Si tu me fais un gros bisou.

Il était pris de fou rire à chaque fois, même si cette ritournelle était usée jusqu'à la corde.

Tous les petits enfants sont pareils. Quand ils trouvent une blague drôle la première fois, ils la trouvent encore meilleure la vingtième fois. Mais le rire de Daniel était si communicatif qu'il m'arrivait de rire aux larmes. Je me demandais alors si mes larmes étaient pour lui ou pour moi.

Au manoir, un jour, en fouillant parmi les nombreuses cassettes, j'ai déniché la chanson

« Danny Boy », que j'ai fait jouer pour Daniel. Plus jamais !

Il l'a trouvée jolie. Moi, ça m'a brisé le cœur. Rien que la mélodie donne envie de pleurer à chaudes larmes. Quant aux paroles, elles donnent envie de s'allonger par terre et de mourir sur place. Le dernier couplet, surtout, a failli m'achever. L'auteure de la chanson demande à Danny, une fois qu'il sera rentré chez lui et qu'elle sera morte et enterrée, d'aller prier sur sa tombe.

Rien que l'idée de la tombe — la mienne ou celle de Daniel —, c'était trop pour moi. On peut accepter beaucoup de choses, mais trop, c'est trop.

Peut-être qu'il y avait quelque chose de prophétique dans cette chanson. Quelque chose que j'avais toujours su. Et c'est peut-être pour ça que cette chanson me donnait envie de pleurer. Peut-être que la mémoire de l'avenir existe autant que la mémoire du passé. Et peut-être que j'avais toujours su que j'allais aimer un petit garçon nommé Daniel, et qu'il allait mourir.

J'aurais dû me douter que Daniel n'allait pas bien. Il était toujours si fatigué. Mais je me disais qu'il s'était couché tard la veille, qu'il s'était trop démené.

Ses parents venaient le voir tous les jours. Ils semblaient très inquiets. Sa mère était ravissante. Comment la maman de Daniel aurait-elle pu être autrement ? Son chagrin se lisait dans ses yeux, les mêmes beaux grands yeux bruns que Daniel. En le perdant, elle perdait tout : sa vie, son bonheur, son avenir.

Malgré tout, je me disais que Daniel allait bien. Je refusais d'aborder avec Éric l'éventualité de sa mort. J'étais comme un bloc de granit. Je disais que Daniel nous enterrerait tous. Je refusais de voir la réalité en face.

Au beau milieu de la nuit, on a emmené Daniel à l'hôpital Saint-Étienne.

Le lendemain, il nous a été impossible de le voir. Il était en salle d'isolement.

Même là, je ne voulais pas admettre qu'il allait mourir. On lui ferait de la chimio, on utiliserait de nouveaux médicaments, il entrerait en rémission.

Un lundi matin, on nous a dit que Daniel était mort. Je suis tombée dans une dépression telle que je n'en voyais plus les couleurs. Je voyais littéralement tout en gris. On aurait dit qu'un voile mortuaire était suspendu entre moi et le reste du monde.

J'ai pleuré Daniel. Il y avait tant de raisons de pleurer. Tant de choses que Daniel, maintenant, ne connaîtrait jamais. Il ne grandirait pas. Il ne deviendrait jamais un homme. Il n'aurait jamais d'enfants et ne ferait jamais ce que la plupart des gens tiennent pour acquis.

J'ai pleuré et pleuré. Je ne pouvais pas m'arrêter de pleurer Daniel.

Le docteur Gravel est venu et m'a fait une piqûre.

Puis j'ai fait un drôle de rêve. Probablement à cause de la piqûre. On aurait dit que je regardais par le gros bout d'un télescope. Au lieu d'être agrandies, les choses étaient toutes petites. Tout ce que je regardais était minuscule. Insignifiant, même. Tout était très loin, et rien ne semblait avoir d'importance.

C'est alors que le secret de la vie — ce qui est important et ce qui ne l'est pas — m'est apparu clairement, brièvement. Le bonheur semblait une chose facile. C'était purement une question de volonté. Il suffisait de vouloir le bonheur pour qu'il se manifeste. J'aimerais bien maintenant pouvoir me rappeler le comment et le pourquoi, et la sensation de voir la vie comme elle doit apparaître à l'autre bout de l'éternité. Tout semblait si simple.

— Isabelle ! Isabelle ! prononçait une voix qui me ramenait à la vie.

Je me suis réveillée. Un autre jour s'était levé et Éric était assis à mon chevet.

— Isabelle, réveille-toi. J'ai de bonnes nouvelles. Les médecins disent que je ne perdrai pas ma jambe, en fin de compte !

CHAPITRE 11

Le soleil brillait. Des particules de poussière dansaient dans un rayon lumineux qui entrait par la fenêtre. Éric était assis dans le fauteuil près de mon lit. Il avait l'air radieux. Ses yeux bleus rayonnaient de bonheur.

— En fin de compte, je ne perdrai pas ma jambe, Isabelle! disait-il.

Puis il l'a répété, pour le simple plaisir d'entendre résonner les mots.

— Je ne perdrai pas ma jambe!

Je me demandais si j'étais encore endormie, si tout cela ne faisait pas partie du rêve sur le secret du bonheur.

Tant bien que mal, je me suis redressée dans mon lit. Non, ce n'était pas un rêve. L'espace d'un instant, la chambre a tournoyé, puis elle a repris son aplomb. Ça devait être toute une piqûre que le docteur Gravel m'avait donnée.

J'ai secoué la tête pour chasser la brume de mon cerveau.

— Éric! Ta jambe? Oh! Éric, Éric, je suis si contente! Tu l'as appris quand?

— Je viens juste de l'apprendre. Ce matin même. Tu étais dans les pommes, complètement partie. Tu ronflais, même. Mais il fallait que je te réveille. Je ne pouvais pas attendre.

— Je suis contente que tu l'aies fait… que tu ne l'aies pas fait… Que tu m'aies réveillée, je veux dire. Que tu n'aies pas attendu !

J'étais si heureuse, si excitée que je ne savais pas si je devais rire ou pleurer.

— C'est comme un rêve merveilleux. J'arrive à peine à y croire, Éric, c'est tellement extraordinaire !

— Oui ! Oui ! OUI !

Comme s'il ne pouvait plus tenir en place, Éric a bondi de son fauteuil, s'est agrippé au cadre de la porte et a fait quelques tractions rapides.

— Je vais avoir deux jambes, Isabelle, comme tout le monde ! a-t-il crié de joie. C'est la chose la plus extraordinaire de ma vie. Je vais pouvoir marcher, courir, danser. Je vais apprendre toutes les danses sociales les plus sophistiquées, et toi et moi on pourra former un duo. Aimerais-tu ça, Isabelle ?

Il s'est laissé retomber au sol et est revenu s'asseoir près de moi.

— Tu danses, Isabelle, pas vrai ?

J'ai fait signe que oui, la lèvre tremblante. Si je parlais, je risquais d'éclater en sanglots. Il a pris ma main et l'a serrée.

— Bon. Mettons que je perds un peu les péda-les. Peut-être que je ne pourrai pas courir. Pour ce qui est de la danse, je devrai peut-être me limiter à la valse à deux temps. J'ai le tibia plutôt fragile. Les radiations l'ont tellement affaibli qu'il pourrait se briser très facilement. Et puis après ! Au moins j'ai quelque chose en bas du genou. Quelque chose sur quoi me tenir et avec quoi marcher. Et je peux toujours porter un appareil orthopédique, si les médecins le jugent bon.

Je me suis essuyé les yeux et je lui ai fait un sourire tremblotant.

— Est-ce que tu pourras traverser le Canada à vélo avec un appareil orthopédique ? suis-je parvenue à dire.

— Mais oui, bien sûr. Écoute, Isabelle. J'ai lu l'histoire d'un gars qui a traversé le Canada à bicyclette avec une jambe artificielle. Alors, je peux certainement le faire avec un appareil.

Puis il plissa les yeux d'un air songeur.

— En fait, après la traversée du Canada, il y a autre chose que je veux faire.

— Oh ! non ! ai-je gémi. Quoi, encore ?

— Traverser le Sahara à bicyclette.

— Le Sahara ? Le désert du Sahara ? Comment peux-tu traverser le désert à vélo ?

— Il y a une route, évidemment. Je l'ai lu dans *GEO*.

— Eh bien ! Si tu penses que je vais te suivre à dos de chameau avec les provisions, tu te trompes ! Le soleil du désert est mortel pour le teint d'une fille.

On a ri. Puis tout à coup, comme si une main glacée m'écrasait le cœur, la mort de Daniel est revenue me hanter. « Daniel est mort, et on est en train de rire. Comment peut-on rire, alors que Daniel est mort ? Mort. Mort pour toujours. »

— Daniel, ai-je dit. Daniel est mort.

— Oui.

— Et on est en train de rire, de rire et de parler, comme si de rien n'était.

— Non, Isabelle. On est heureux parce que je ne perdrai pas ma jambe.

Éric a attendu que ses paroles fassent leur chemin, puis il a ajouté :

— Daniel est mort et on n'y peut rien, Isabelle. Tu peux porter le deuil et t'empêcher de rire pour le reste de tes jours, mais ça ne va pas le ramener.

— Je le sais, Éric, mais ce n'est pas correct de faire comme si rien ne s'était passé.

— Mais ce n'est pas ce qu'on a fait. C'est sûr qu'il s'est passé quelque chose. Quelque chose de terrible. Mais on doit continuer. Il le faut.

Il a regardé tout autour de la pièce comme s'il espérait voir une inscription sur les murs, une parole d'encouragement à me citer.

— Écoute, Isabelle, a-t-il fini par dire. La vie a ses règles. Et la première, c'est qu'il faut continuer, envers et contre tout. Si la terre cessait de tourner chaque fois qu'un être aimé disparaît, elle serait encore là comme une roche inerte pendant qu'on pleurerait tous la mort d'Adam et Ève.

Ce qu'il disait était presque ridicule, mais, d'une certaine façon, c'était sensé.

— Mais il était si petit, Éric. Il n'avait que six ans.

— On doit tous mourir un jour, a répondu Éric. Certains partent plus vite que d'autres, c'est tout. Ce qui compte, ce n'est pas la durée de la vie, mais son intensité. Daniel a apporté beaucoup de joie dans le monde, tu ne penses pas ?

J'ai acquiescé, les yeux pleins de larmes.

— Et il a apporté beaucoup d'amour, aussi, non ?

J'ai acquiescé de nouveau.

— Alors peut-être que sa vie a été réussie et qu'il n'avait pas besoin de vivre plus longtemps pour faire ce qu'il avait à faire.

C'était une façon encourageante de voir les choses, et j'étais reconnaissante à Éric de me le faire remarquer. L'idée que Daniel avait accompli en six petites années ce que la plupart des gens mettent des dizaines et des dizaines d'années à accomplir me réconfortait. Je savais, pourtant, que je ne pourrais plus voir, aussi longtemps que je vivrais, le film *Le Magicien d'Oz* sans éprouver un terrible sentiment de perte, un sombre sentiment de tristesse pour un petit garçon que j'avais aimé trop brièvement, mais de tout mon cœur.

Puis une autre pensée m'a frappée.

— Mais, Éric, ai-je dit le souffle coupé. Tu as passé des examens pour ta jambe et tu n'as rien dit à personne ?

— Non. Tout le monde était à l'envers à cause de Daniel. J'ai voulu attendre pour voir comment les choses tourneraient.

J'ai pris un mouchoir de papier sur ma table de

chevet et je me suis mouchée vigoureusement, avec plein d'effets sonores. Puis j'ai lancé le mouchoir qui est tombé avec un petit ploc ! humide dans la poubelle.

— Comment peux-tu être aussi futé, Éric ? Comment fais-tu pour toujours trouver les bonnes choses à dire ? Étais-tu un saint, ou quelque chose du genre, dans une vie antérieure ?

Éric s'est mis à rire.

— Pas vraiment. C'est juste que j'ai le cancer depuis plus longtemps que toi. Il nous apprend beaucoup de choses, tu sais.

J'ai pris un autre mouchoir et je me suis mouchée encore.

— Écoute, Éric. Tout compte fait, tu es vraiment spécial. Je sais que je vais te surprendre, mais, quand on aura l'âge, est-ce tu voudras te marier avec moi ?

— Tu veux me faire croire que tes intentions sont pures ? a-t-il demandé d'un air faussement étonné. Que tu n'as jamais joué avec mes sentiments ?

— J'avoue l'avoir fait, ai-je répondu d'un air repentant. Mais je vois maintenant que j'avais tort. Tu es un bijou, Éric. Un véritable rubis.

J'ai fait une pause, pour l'effet dramatique.

— Et pour dire la vérité, je veux faire de toi mon mari.

Éric a fait semblant de réfléchir.

— D'accord, Isabelle. Je vais t'épouser. Je t'ai vue méchante, furieuse, chauve, en larmes. Je t'ai même vue dégobiller de façon dégueulasse, mais je t'aime malgré tout.

Je le regardais, bouche bée. J'avais dit des absurdités, et il avait l'air de me prendre au sérieux. Il s'est penché sur moi et m'a ordonné :

— Ferme la bouche, Isabelle.

J'ai obéi, puis il m'a embrassée. Il n'avait jamais fait ça avant, ni aucun autre garçon. Ses lèvres étaient chaudes et fermes, et il avait une haleine de biscuits au gingembre.

J'ai aimé ça. Autant le baiser que l'idée qu'il m'aimait, que mon cher Éric m'aimait !

J'ai vraiment beaucoup aimé ça.

— Voilà, a-t-il dit. Ça devrait te convaincre que je suis sérieux.

On a enterré Daniel le surlendemain.

Ma mère a dit qu'elle ne pouvait pas venir, que ça lui briserait le cœur de voir un homme et une femme enterrer leur enfant de six ans.

À ma grande surprise, Jasmine a offert de m'amener. Sur le coup, j'ai revu l'ancienne Jasmine. J'ai revu le regard ardent et protecteur qu'elle prenait quand j'étais petite et qu'elle sentait que j'avais besoin qu'on s'occupe de moi.

Éric et Rachel sont venus avec nous. La mort de Daniel avait bouleversé Rachel. Elle l'aimait beaucoup, comme tout le monde au Manoir de l'Espoir, et, à l'annonce de sa mort, elle a fait une rechute. Tous ses efforts pour combattre son anorexie semblaient s'être envolés en fumée. Elle refusait de manger, et garde Généreux l'a trouvée dans la salle de bains en train de se faire vomir.

Garde Généreux l'a emmenée dans le jardin, où elles ont arpenté longtemps les sentiers qui serpentent entre les rosiers. Je ne sais pas ce qu'elle a raconté à Rachel — Rachel ne le dira jamais — mais ça semble l'avoir aidée.

Jasmine avait l'air d'une grande dame quand elle est arrivée pour nous conduire aux funérailles. Elle avait les cheveux coiffés en chignon et portait un tailleur bleu marine de coupe sévère. Ses yeux étaient cachés derrière d'énormes lunettes de soleil.

Je savais pourquoi elle les portait. Elle avait peur de se mettre à pleurer et que je fonde en larmes à mon tour en la voyant.

En fait, je n'avais pas envie de pleurer. Peut-être qu'on a juste une certaine quantité de larmes à verser pour chaque coup dur, et j'avais épuisé la part réservée à Daniel.

Mais, j'avais une grosse boule dans la gorge. Comme une masse qui ne voulait pas se dissoudre, et je me suis résignée à l'idée qu'elle ne disparaîtrait jamais.

Le petit cercueil de Daniel paraissait minuscule, et le grand trou qu'on avait creusé était si profond. Il y avait des corbeilles de fleurs partout autour de la tombe. Daniel aurait été content. Il aimait tellement les fleurs.

Un prêtre, debout près de la fosse, parlait. Il parlait de la mort, de Daniel, du sentiment de perte et du souvenir. J'écoutais d'une oreille distraite. Je m'étais déjà répété tout ça des centaines de fois.

Puis il a terminé avec un texte extraordinaire qui m'a tellement touchée que j'ai senti mon cœur se gonfler dans ma poitrine, et la masse qui m'oppressait a fondu comme par enchantement. Il disait :

— … l'amour aura suffi. Il y a le monde des vivants et le monde des morts. Et le pont qui les relie, c'est l'amour, la seule chose qui survive, la seule chose qui ait du sens.

Plus tard, Jasmine m'a appris que ces paroles étaient tirées d'un ouvrage célèbre. Mais déjà, je pouvais voir le pont, aussi clairement que s'il était devant moi, un pont d'amour qui formait un arc-en-ciel entre deux mondes, le monde des vivants et le monde des morts.

Quand on s'est retrouvées toutes seules dans ma chambre, Jasmine m'a dit que la citation était tirée d'un livre intitulé *Le Pont de San Luis Rey*, de l'auteur américain Thornton Wilder.

— J'ai le livre à la maison, m'a-t-elle dit. Quand je l'ai lu, j'en suis tombée amoureuse. Je le relis chaque fois que je me sens déprimée.

Le lendemain, Jasmine est venue spécialement pour m'apporter le livre. Je l'ai embrassée quand nous nous sommes séparées, et elle m'a serrée contre elle avant de fuir dans l'escalier. À cet instant, je l'ai aimée comme je l'aimais avant. C'était ma Jasmine, ma sœur. Il n'y en avait pas deux comme elle.

— Jasmine ! lui ai-je crié.

Elle s'est arrêtée dans sa course et s'est retournée.

— Oui, Isa ?

— Je… Je veux seulement te remercier d'être ma sœur.

Sans répondre, elle m'a envoyé un baiser.

C'était un tout petit livre, que j'ai lu très vite. Quand je l'ai refermé, j'ai compris pourquoi Jasmine me l'avait prêté. Elle y avait trouvé une réponse. Enfin, pas exactement une réponse ; une conclusion, plutôt. La compréhension de quelque chose. Et elle espérait que je la trouve aussi.

L'histoire se passe au Pérou, il y a très, très longtemps. Après la rupture d'un pont, dans les Andes, cinq personnes sont emportées dans la mort. Un prêtre, témoin de l'accident, se demande pourquoi. Pourquoi ces cinq personnes étaient-elles destinées à mourir ?

Il se met alors à éplucher leur vie. Il prend des pages et des pages de notes dans l'espoir de trouver ce qu'ils avaient en commun pour que la mort les fauche en même temps de façon si soudaine et si terrible. Il découvre qu'il n'y a pas de réponse. Voilà. Il n'y a pas de réponse, nous dit l'auteur.

Puis, ajoute-t-il, comme l'espoir qui est resté dans la jarre de Pandore quand tous les maux se sont répandus sur terre, la seule chose concrète à laquelle il faut s'accrocher, pendant qu'on se fraye un chemin dans la vie, c'est l'amour. L'amour qui unit le passé et l'avenir, qui nous donne l'espoir dont nous avons besoin pour survivre. L'amour, le pont, le seul vrai sens au casse-tête de la vie.

Le docteur Gravel m'a souvent dit que ce « Pourquoi ? » est une question que se posent tous les gens frappés par le cancer. « Pourquoi ? Qu'est-ce que j'ai fait pour mériter ça ? Est-ce que c'est une forme de punition ? Pourquoi moi ? Pourquoi ? Pourquoi ? Pourquoi ? »

À partir de ce jour-là, après les funérailles de Daniel, j'ai cessé de me demander : « Pourquoi moi ? »

Je connaissais la réponse. Ou plutôt, je savais qu'il n'y avait pas de réponse.

CHAPITRE 12

Deux jours à peine après l'enterrement de Daniel, je suis retournée à l'hôpital Saint-Étienne pour d'autres traitements de chimiothérapie.

Je ne me sentais pas très bien, et mes analyses de sang n'étaient pas fameuses. Mon oncologue, le docteur Léger, a parlé au docteur Gendron, qui suivait mes progrès au Manoir de l'Espoir. Ils ont décidé qu'il valait mieux commencer tout de suite la chimiothérapie. Ils espéraient pouvoir induire une rémission complète cette fois-ci.

Les jeunes du manoir n'étaient pas très pressés de me faire leurs adieux, de me souhaiter un prompt rétablissement, de me faire tous les vœux qu'on fait habituellement à quelqu'un qui s'apprête à entrer à l'hôpital. La vérité, c'est qu'ils avaient appris à être superstitieux pour ce genre de choses. Ils avaient appris à ne pas espérer voir quelqu'un revenir guéri de l'hôpital. Ou même revenir tout court. Daniel, lui, n'était pas revenu, et c'est à ça que tout le monde pensait quand j'ai annoncé que j'allais suivre des traitements de chimio.

Plein de gens sont superstitieux. Les acteurs le

sont. Par exemple, ils disent « Merde ! », au lieu de « Bonne chance ! », un soir de première. Ils ne sifflent jamais dans une salle d'habillage, et ils croient qu'un chapeau sur un lit veut dire que quelqu'un va mourir.

Le Manoir de l'Espoir a aussi ses superstitions. On ne dit pas « Merde ! » à la personne qui retourne à l'hôpital, mais on lui donne des tas de choses répugnantes, comme des bassins hygiéniques, des crachoirs ou des désodorisants de salle de bains. Et personne n'ose accrocher quoi que ce soit à un poteau de lit ou à une poignée de porte de peur d'attirer le mauvais sort. Je ne sais d'où vient cette idée bizarre. Peut-être que quelqu'un, un jour, en voyant tout ce qui pend ici et là dans les chambres d'hôpital — fiches de santé, solutés, boutons d'appel d'urgence —, a eu peur de tout ce qui pouvait lui rappeler ces objets de malheur. Depuis, la superstition est là pour rester. Et jamais personne ne dépose un chapeau sur un lit au Manoir de l'Espoir.

Toujours est-il qu'une bande de jeunes du manoir s'est réunie la veille de mon départ. Ils ont fait bien attention de ne pas appeler ça une fête d'adieux, même si c'en était une. Ils ont prétendu qu'ils venaient juste de décider de se réunir en mon honneur.

On n'a rien fait de spécial. On a flâné dans le salon, on a fait éclater du maïs et griller des guimauves dans le foyer. J'ai ouvert les cadeaux qu'ils m'avaient donnés.

Éric s'était procuré, dans une boutique de farces et attrapes, une perruque d'Halloween — une espèce d'horreur avec des poils hérissés dans tous les sens. Je l'ai mise et j'ai paradé.

— On dirait que tu t'es coincé le doigt dans une prise électrique, a lancé Lydia. Au moins, tu aurais pu lui acheter une perruque blonde. Il paraît que les blondes s'amusent plus que les autres.

— Et que les hommes les préfèrent, a renchéri Rachel d'un ton acerbe. Pourquoi ? Je me le demande.

— Mais les hommes épousent des brunes, a répliqué Sylvain. Alors, ne te décourage pas, Rachel. Il y a un homme pour toi quelque part. Enfin, peut-être. Si tu as de la chance !

— Espèce de macho ! a riposté Lydia.

— J'essayais juste de lui donner de l'espoir, la pauvre, s'est défendu Sylvain.

— Pour ton information, monsieur le comédien en fauteuil roulant qui se croit très futé, tu sauras qu'attraper un garçon est le dernier de mes soucis, en ce moment, a protesté Rachel.

— J'aime les filles fougueuses qui ont du caractère, a ironisé Sylvain.

Puis, faisant rouler son fauteuil jusqu'à Rachel, il a plongé son regard dans le sien.

— Regarde-moi bien dans les yeux et abandonne-toi. Tes paupières sont lourdes, très lourdes…

— Au secours, Lydia ! a hurlé Rachel. Dis-lui d'arrêter ! C'est toi qui as commencé !

Lydia a bondi et a poussé le fauteuil de Sylvain jusque dans un coin de la pièce.

— Tu es un vilain garnement, Sylvain, l'a-t-elle grondé. Tu vas rester dans le coin jusqu'à ce que tu apprennes les bonnes manières.

— Je peux rester ici indéfiniment, a-t-il maugréé.

J'ai alors déballé le cadeau de Sylvain. C'était un paquet de sacs en papier attachés ensemble avec un ruban rouge.

— Tu les trouveras utiles, a-t-il dit. Pour dégobiller !

Il avait inscrit une blague sur chacun des sacs.

— Ce sont toutes des blagues inédites de mon cru, a précisé Sylvain. Quand je serai célèbre, tu pourras te vanter d'avoir été la première à en profiter !

Il y avait encore d'autres cadeaux, tous plus amusants et touchants les uns que les autres. J'ai compris, alors, à quel point mes camarades du Manoir de l'Espoir m'étaient chers, à quel point leur présence m'avait aidée, au cours des dernières semaines. C'était bon d'avoir des gens avec qui parler, avec qui pleurer.

La fête costumée nous avait rapprochés, comme si elle avait fait tomber toutes les barrières qui se dressaient entre nous. Et, bien sûr, le fait d'être malade, de ne pas avoir à faire semblant, de ne pas se soucier de son apparence ni de sa popularité avait fait le reste. On s'était vus sans artifices, et une amitié inconditionnelle était née.

C'est rare, l'amitié inconditionnelle. Je n'ai jamais connu ça avant. Quand on est petits, on dit des choses comme « Tu peux être mon amie à condition que… », ou « Tu n'es pas mon ami parce que… », ou encore « Je serai ton amie si… ». Il y a toujours des conditions. Avec l'âge, on ne les exprime plus aussi ouvertement, mais elles restent sous-entendues.

Mais je commençais à comprendre qu'on ne peut mettre ni conditions ni limites à l'amitié. Il faut accepter les gens comme ils sont. Peut-être parce que je me trouvais dans un bateau — le canot de sauvetage dont Éric m'a parlé — et que j'avais besoin d'amis plus que jamais. J'avais besoin qu'on m'aide à ramer, qu'on m'aide à survivre.

J'avais même besoin de Rachel, ma compagne qui avait tracé une ligne à la craie au beau milieu de la chambre pour m'empêcher de mettre la pagaille dans ses affaires.

Maintenant je pouvais en rire, même si Rachel était toujours une belle emmerdeuse, avec ses petites manies. Mais ça n'avait plus d'importance. Sous des dehors maniérés, je voyais une fille attentionnée, affectueuse et soucieuse de faire plaisir.

Rachel était devenue presque une sœur pour moi, et tu sais ce que c'est, les sœurs. On les aime même avec leurs défauts. On n'a pas le choix.

Une fois tous les cadeaux déballés, on s'est tous assis autour du foyer à regarder le feu flamber, crépiter, puis s'éteindre. C'était un moment agréable, et je me suis dit que jamais je n'oublierais cet instant, ni ces gens.

Personne n'a parlé de Daniel. C'était encore

trop récent. Par contre, les sujets de conversation ne manquaient pas.

Lydia nous a dit qu'elle était sûre qu'il y avait une amourette entre le docteur Gravel et le docteur Ambroise.

— Ils sortent toujours ensemble et ma mère les a vus dans un restaurant très chic, la main dans la main et les yeux dans les yeux.

On était contents pour eux. L'idée que le docteur Gravel, veuf depuis dix ans, avait de nouveau trouvé l'amour et le bonheur me réconfortait. Ça confirmait ce qu'Éric m'avait dit, que le monde continue de tourner malgré les tragédies.

Une autre bonne nouvelle, c'était que Karine avait commencé la physiothérapie pour apprendre à marcher avec sa jambe artificielle.

— Ça va très bien, nous a-t-elle assurés. C'est fou comme je la sens réelle.

Quant à Sylvain, il nous a appris qu'il allait présenter un numéro d'humour à la rentrée des classes.

— Je serai fameux, s'est-il vanté. Toutes les filles vont tomber en pâmoison.

— Franchement ! s'est exclamée Rachel.

— Mais, naturellement, ça ne m'intéresse pas. C'est toi que j'attends, Rachel. Quand tu auras perdu toute ta graisse de bébé, évidemment.

Rachel lui a labouré l'épaule de coups de poing mais, au fond, elle semblait contente.

Éric et moi on a eu droit à un petit moment d'intimité quand tout le monde est allé se coucher.

— Comment se fait-il qu'on soit toujours les derniers à traîner ? lui ai-je demandé.

— Je pense qu'ils ont compris qu'on avait envie de rester seuls pour parler, a répondu Éric.

Et on a parlé ! On a parlé de l'avenir. Sans trop se le dire, on en a parlé comme si on allait pouvoir le vivre ensemble. Peut-être qu'on était tout simplement jeunes et idiots, mais j'aimais penser qu'Éric partagerait peut-être ma vie, et il semblait penser la même chose.

Le hic, c'est qu'il y avait toujours un « si » caché derrière nos paroles. On faisait des projets pour après nos études, mais on pensait en silence : « Si je termine mes études », « Si je suis en bonne santé à vingt et un ans », « Si mon cancer ne refait pas surface ».

— Alors, c'est demain le grand jour, a lancé Éric. Es-tu prête ?

— Oui, et je compte sur une rémission complète, cette fois-ci. On va utiliser de nouveaux médicaments. Nouveaux pour moi, en tout cas. Comme j'ai toujours été en bonne santé, je me dis que s'ils fonctionnent pour d'autres, ils devraient fonctionner pour moi.

J'avais l'air sûre de moi, mais j'avais la trouille. Je m'inquiétais de ce qui risquait d'arriver s'il n'y avait pas de rémission. J'avais une sensation bizarre, glaciale au creux de l'estomac. Et mon intuition, comme un vieux disque abîmé, me répétait sans arrêt la même petite ritournelle : « Il ne faut pas vendre la peau de l'ours avant de l'avoir tué. »

Je n'en ai pas parlé à Éric. Je faisais de mon mieux pour me montrer gaie et optimiste. Depuis qu'on se connaissait, je m'appuyais sur lui, je lui prenais beaucoup. Il était temps que j'arrête d'abuser de sa générosité, que je m'efforce d'être aussi courageuse et aussi remplie d'espoir qu'il l'était.

— Je prends les choses du bon côté, ai-je menti.

Et je me suis répété, juste pour me convaincre :

— Oui, je prends cette chimiothérapie du bon côté.

— Bravo ! Et je t'attendrai à ta sortie de l'hôpital. Et si on me donne la permission d'aller te voir, je serai là et je te tiendrai la main quand tu seras malade.

— Peut-être que je ne serai pas aussi malade, cette fois-ci, lui ai-je dit avec optimisme. Et peut-être que le traitement ne sera pas aussi long.

Mon intuition s'était trompée. La ritournelle fatidique ne s'est pas appliquée à ma chimiothérapie.

Cinq semaines plus tard, j'étais en rémission complète. Le docteur Léger avait dû prendre les grands moyens tant mon organisme résistait à la thérapie normale. Mais il avait réussi à induire la rémission.

Ça, c'était la bonne nouvelle.

Mais il a ajouté qu'il me faudrait une greffe de moelle osseuse.

CHAPITRE 13

— Mais pourquoi ? ai-je demandé. Vous venez de dire que j'étais en rémission complète, non ?

Le docteur Léger était debout au pied de mon lit. Maman, papa et Jasmine assistaient à la scène, assis sur le bout des fesses. De toute évidence, ils étaient déjà au courant de la décision du médecin à propos de la greffe de moelle osseuse.

— Pourquoi ? ai-je demandé de nouveau d'une voix larmoyante. Si je suis en rémission complète, pourquoi est-ce que je ne peux pas rentrer à la maison et reprendre une vie normale ?

Le docteur Léger pouvait ressembler à un Viking, avec ses yeux bleus et sa moustache rousse. Mais là, il me faisait plutôt penser à un joueur malhonnête qui vient de tirer une carte de sa manche, et je le lui ai dit.

Il a croisé ses mains aux longs doigts effilés, et j'ai entendu un petit craquement d'os. J'aurais juré qu'il cherchait ses mots pour m'expliquer sa décision.

— Écoute, Isabelle, a-t-il commencé. Chaque cas de leucémie est unique et doit être traité de façon particulière.

— Ça, je le sais, docteur.

Mon ton larmoyant s'était durci.

— Ta leucémie résiste au traitement conventionnel, et j'ai peur que ta rémission ne dure pas, que tu fasses une rechute.

Il a fait une pause, avant de poursuivre, pour que je comprenne bien ce qu'il venait de dire.

— Les greffes de moelle osseuse sont surtout réservées aux personnes dont les cellules malignes résistent à la thérapie, comme toi. Le taux de succès est très élevé, je dois dire. Tu me suis ?

J'ai acquiescé.

— Mais pourquoi ne pas l'avoir dit avant ?

— D'abord, parce qu'il fallait obtenir une rémission complète. La greffe a alors plus de chances de succès. Je n'étais pas sûr des résultats que donnerait le dernier traitement de chimio, et tes parents et moi on a pensé que tu avais assez de soucis sans en rajouter.

J'ai lancé un coup d'œil à mon père et à ma mère. Je les ai trouvés plus vieux et plus maigres qu'au début de ma maladie. Ils avaient l'air fatigués, aussi. Très, très fatigués.

— Ensuite, a continué le docteur Léger, je ne t'en ai pas parlé parce que je devais trouver le bon donneur, celui qui offrait une parfaite compatibilité génétique. Nous avons eu de la chance. Jasmine a fait des tests. C'est elle qui sera ton donneur.

Jasmine a pris la parole.

— Je n'ai pas arrêté de répéter au docteur que j'étais la donneuse idéale, Isabelle. Après tout, tu es ma petite sœur. On fait pratiquement partie l'une de l'autre.

Elle s'est levée pour s'approcher de mon lit et a posé une main chaude et ferme sur mon épaule.

La Jasmine évasive des dernières semaines, qui fuyait la réalité, avait disparu. Je retrouvais l'ancienne Jasmine, celle que j'avais connue toute ma vie. La Jasmine qui était fière de moi, qui voulait me protéger et qui était prête à tout pour le prouver.

Maintenant qu'elle pouvait vraiment faire quelque chose pour moi, elle ne niait plus ma maladie. Seul son terrible sentiment d'impuissance l'avait empêchée d'affronter ce que je traversais.

Comme je l'ai aimée, à cet instant précis ! J'ai su aussi que je l'avais toujours aimée, même quand je pensais le contraire, et que je l'aimerais toujours. Nous étions des sœurs, et le lien qui nous unissait ne pourrait jamais être rompu.

On avait tant de choses en commun : le sang, la famille, l'éducation, la vie au quotidien. Je savais que je ne partagerais jamais rien de semblable avec quelqu'un d'autre. Et j'étais consciente que jamais je ne pourrais lui rendre ce qu'elle s'apprêtait à faire pour moi, même si je vivais jusqu'à cent ans. Chose certaine, tant que je vivrais, je serais bonne pour Jasmine, comme elle l'avait toujours été pour moi.

Je l'ai regardée et je me suis mordu les lèvres pour les empêcher de trembler.

— Oh ! Jasmine, ai-je réussi à dire d'une voix aiguë et chargée de larmes, tu n'es pas fatiguée de toujours venir à ma rescousse ?

Elle a ri et m'a serrée dans ses bras.

— Crois-moi, ça va te coûter cher, cette fois-ci, Isabelle. Le docteur Léger m'a dit qu'une fois qu'on aura pris ma moelle absolument parfaite pour te la donner j'aurai l'impression, pendant quelques jours, d'avoir été ruée à la hanche par un cheval. Je ne ferais pas ça pour n'importe qui, tu sais…

Avant de nous laisser, le docteur Léger nous a expliqué le processus de la transplantation. Il a commencé par nous prévenir qu'il n'y avait aucune garantie et que la moelle du donneur était parfois rejetée par l'organisme de la personne cancéreuse.

— Pas cette fois, a soutenu Jasmine.

Elle ne plaisantait pas et ne jouait pas à l'optimiste. Je pouvais voir qu'elle était convaincue.

— Je sais que ça va marcher. Aussi sûr que je suis là devant vous. Je le sais !

Le docteur Léger nous a dit ce qui allait se passer ensuite. Je devrais me reposer à l'hôpital pendant une ou deux semaines avant de commencer la chimio pour la greffe.

Cette chimio serait difficile, a-t-il expliqué, parce qu'on utiliserait de fortes doses d'irradiation et de chimio pour annuler mon système immunitaire afin qu'il ne rejette pas la greffe, et pour tuer toute cellule cancéreuse cachée. On me donnerait aussi des médicaments qui me feraient dormir presque tout le temps.

— Bien des greffés n'ont pas le moindre souvenir de cette période, a dit le docteur Léger. C'est comme s'ils avaient eu une amnésie temporaire.

L'opération elle-même était relativement simple. Jasmine serait endormie et on retirerait de l'os de sa hanche une certaine quantité de moelle osseuse. Puis on me l'injecterait, comme pour une transfusion de sang.

Ensuite, si tout allait bien, en l'espace de deux ou trois semaines, mon organisme produirait un nouveau stock de cellules sanguines saines, non cancéreuses.

— Et ça va marcher. C'est sûr ! a affirmé Jasmine en serrant les poings.

J'avais quelque chose à lui dire. Quelque chose d'important.

— Écoute, Jasmine, lui ai-je dit très sérieusement. Si ça ne marche pas, si mon organisme rejette ta moelle pour une raison ou pour une autre, promets-moi que tu ne te sentiras pas coupable. Ce ne sera pas ta faute, tu sais, pas plus que c'est la mienne si j'ai la leucémie. Ça ne sera pas plus grave que ça, et on repartira de là.

— Je refuse de t'écouter. Tu es absurde et défaitiste, a proféré Jasmine.

Elle avait le ton sévère qu'elle employait quand j'étais petite pour me défendre de me mettre les doigts dans le nez ou de me gratter le derrière en public.

— Ça va marcher, Isabelle, un point c'est tout !

Le docteur Léger m'a mise en semi-isolement

pendant que je me remettais de la chimio qui avait induit ma rémission.

Au début, il a cru bon d'interdire les visites, sauf pour les membres de ma famille. Il ne voulait pas que je risque d'être contaminée avant la transplantation. Puis il s'est radouci.

— Pensons à ton moral aussi, a-t-il dit. Tu peux recevoir tes camarades du Manoir de l'Espoir, mais à condition qu'ils portent un masque, des gants et un sarrau.

Ce n'est pas ça qui les gênerait. Ils en avaient l'habitude.

Éric venait tous les jours, ça va de soi. Sa bouche était cachée par un masque, mais je pouvais voir son sourire dans ses yeux.

— Eh bien, tu dois commencer à voir la lumière au bout du tunnel, Isabelle, m'a-t-il dit.

— J'essaie de voir tout ça comme une Expérience avec un grand E, ai-je répliqué.

J'ai deviné un point d'interrogation dans ses yeux bleus.

— Ma mère dit toujours ça. Chaque fois qu'il lui arrive quelque chose de désagréable, elle voit ça comme une Expérience. Elle prétend que la vie est comme un roman qui, sans les Expériences, ne vaudrait pas la peine d'être lu. Elle ne dit pas, pour autant, que la leucémie est une expérience acceptable, me suis-je empressée d'ajouter.

Éric n'en avait plus que pour une semaine au manoir, pendant qu'on réévaluerait son dossier médical et ses prochains traitements. Son avenir, comme le mien, serait toujours un point d'interrogation. Mais au cours de ces doux après-midi qu'on passait ensemble pendant que j'attendais ma greffe, on avait fait le pacte de jouir de la vie au maximum, de la vivre aussi pleinement que possible.

Entre-temps, on projetait de se revoir quand je serais de retour à la maison après la greffe. On avait découvert qu'Éric habitait seulement à quelques kilomètres de chez moi. Comme il aurait bientôt son permis de conduire, on pourrait se voir facilement.

Je n'étais jamais sortie avec un garçon avant et j'étais contente de penser qu'Éric serait le premier. J'étais contente, aussi, que ce soit lui qui m'ait donné mon premier baiser. Je collectionnais les souvenirs comme un avare collectionne les pièces d'or, et je ne voulais garder que les plus précieux.

Mes amis du Manoir de l'Espoir sont venus me voir. Ils ont apporté des ballons comiques, des cartes humoristiques et toutes sortes de choses pour me faire rire et me remonter le moral.

Sylvain m'a appris que la plupart d'entre eux se préparaient à quitter le manoir.

— Ouais ! disait-il. La cloche est sur le point de sonner pour disperser toute la bande. Je suis de retour en classe, aussi, et mon spectacle d'humoriste est programmé pour mardi prochain.

Karine a ajouté en haussant les sourcils :

— Et que Dieu protège les élèves quand cet hurluberlu se lancera dans un de ses numéros !

— Ils en seront tous gagas, s'est empressée

d'ajouter Rachel en souriant à Sylvain, qui est devenu rouge comme une tomate.

Décidément, il se passait quelque chose entre ces deux-là.

Karine avait maintenant sa jambe artificielle. Elle se débrouillait très bien. Elle la cachait encore sous un pantalon, mais j'étais prête à parier qu'elle se libérerait un de ces jours et porterait une jupe.

— Moi, j'ai commencé à prendre du poids, avez-vous remarqué ? a demandé Rachel en tapotant sa hanche squelettique. Hier, pour la première fois depuis des siècles, j'ai mangé de la crème glacée au chocolat. Ça veut sûrement dire quelque chose !

— Ça veut dire que tu deviens de plus en plus appétissante, voilà ce que ça veut dire, a proclamé Sylvain.

Cette fois, c'est Rachel qui a rougi.

— Sylvain a raison. Toute la bande va bientôt se séparer, a fait remarquer Lydia. C'est triste, mais on est tous prêts à reprendre une vie normale.

L'idée de se séparer et de partir dans des directions différentes était triste, c'est vrai, mais on savait qu'on allait se revoir comme patients externes au Manoir de l'Espoir. On s'est promis solennellement de se réunir régulièrement. J'étais presque sûre que tout le monde tiendrait sa promesse, du moins pour un certain temps. Et si un jour on était tous pris dans le tourbillon d'une vie normale et heureuse au point d'en oublier nos anciennes amitiés du Manoir de l'Espoir, eh bien tant mieux ! Après tout, n'est-ce pas ce qu'on se souhaitait tous ?

J'appréciais beaucoup les visites de mes amis, mais, plus que tout, je chérissais mes moments de solitude à l'hôpital.

J'avais une télé et une radio, mais je m'en servais rarement. J'aimais le silence. J'en avais besoin. Je me sentais comme un de ces vieux ermites qui se retiraient dans le désert et vivaient dans des cavernes. Il y a des moments, dans la vie, où on a besoin de solitude pour réfléchir.

Ma chambre se trouvait dans un des derniers étages de l'hôpital Saint-Étienne. Assise dans le fauteuil de cuir près de la fenêtre, je regardais évoluer le monde en bas.

J'essayais de me rappeler le rêve que j'avais fait après la mort de Daniel, quand le docteur Gravel m'avait donné quelque chose pour dormir. Ce rêve où je pouvais voir ce qui était important et ce qui ne l'était pas, où le bonheur semblait une chose si facile.

De la fenêtre de ma chambre d'hôpital, tout semblait si petit. Les gens étaient petits, les voitures étaient minuscules. Tout le monde se précipitait dans toutes les directions, comme des fourmis affairées.

Je me souviens d'avoir eu, quand j'étais petite, un bac à fourmis. C'est drôle, je l'avais presque oublié. Jasmine m'avait aidée à l'installer. On y avait mis du sable et du gravier, puis des petites fourmis que je surveillais avidement chaque fois que j'en avais la chance, pour les voir évoluer.

J'étais très excitée de les voir courir à gauche et

à droite, déplacer des petits cailloux d'un côté à l'autre du bac et construire des tunnels.

Impressionnée, j'avais hâte de voir ce qui allait sortir de tout ce remue-ménage. Puis, tout à coup, ces stupides fourmis se mettaient à tout déplacer de nouveau. C'est alors que j'ai compris, déçue, que les fourmis ne sont pas travailleuses. Elles sont tout simplement bêtes ! Et pourtant, elles se tuent au travail. Pourquoi ? Pour transporter des cailloux d'un bout à l'autre d'un bac et les remettre à leur place ! Voilà tout !

Je pensais à ces fourmis en regardant par la fenêtre.

Parmi les gens que je regardais, je me demandais combien agissaient comme les fourmis de mon enfance. Combien couraient à gauche et à droite, déplaçant des cailloux d'un bout à l'autre d'un bac pour ensuite les remettre à la même place, sans raison valable ?

Si j'ai appris quelque chose de ma leucémie, et le docteur Gravel m'a déjà dit qu'apprendre faisait partie de l'expérience du cancer, c'est bien que le temps qu'on passe sur terre est précieux parce qu'il ne dure pas longtemps. Notre énergie vaut de l'or parce qu'elle peut nous être enlevée à tout moment. Nos efforts sont importants parce qu'ils doivent avoir un sens.

« Si je deviens adulte un jour, me suis-je dit, je ne serai pas comme une de ces stupides fourmis. Je ne serai pas toujours en train de courir, de m'occuper frénétiquement de choses qui n'ont pas d'importance. » Je me suis juré de faire quelque chose d'important dans ma vie.

Puis je me suis arrêtée et j'ai souri malgré moi. Ce n'est pas ce que font la plupart des gens qui croient que leurs jours sont comptés ? Promettre d'accomplir des choses exceptionnelles si on leur permet de vivre ?

« Oui, me suis-je dit. Mais il y en a sûrement qui tiennent leur promesse. Et peut-être que moi aussi, je tiendrai ma promesse. Oui, sûrement. »

CHAPITRE 14

Nous y voilà enfin. Toutes ces semaines écoulées m'ont amenée jusqu'à aujourd'hui.

Demain commence ce que j'appelle la « chimio du compte à rebours meurtrier », qui va préparer mon organisme à la greffe de moelle osseuse.

Le docteur Léger vient tout juste de partir. Maman, papa, Jasmine et moi on est assis, en train de parler.

On a fait du chemin, tous ensemble, individuellement et comme groupe, depuis la terrible soirée où maman, penchée au-dessus de l'évier de la cuisine, pleurait à fendre l'âme, pendant que mon père ne savait pas comment la consoler. La peur, les larmes, le refus et les faux-fuyants sont maintenant choses du passé.

Je me souviens des paroles du docteur Gravel : « Une expérience aussi traumatisante que le cancer a des effets sur toute la famille. Aucun de ses membres ne peut traverser cette épreuve sans se trouver changé par la suite. Mon rôle est de faire en sorte que ce changement soit pour le mieux. »

Eh bien bravo, docteur Gravel! Comme on dit, mission accomplie.

Si on ne peut pas voir les liens qui unissent les membres d'une famille, on peut les sentir. Je sens que les nôtres sont plus solides que jamais. Mon père et ma mère sont assis tout près l'un de l'autre, et on dirait qu'ils se touchent plus qu'avant. Oh! rien de romantique, non! De simples petits gestes, comme maman qui met la main sur la manche de papa quand elle s'adresse à lui, ou papa qui lui tapote gentiment la main quand on parle d'avenir.

Jasmine est assise près de moi, à la tête du lit. Quand j'étais petite, elle s'assoyait comme ça lorsque je devais rester au lit à cause d'un rhume. Elle me racontait des histoires. Mais c'est fini, maintenant, les histoires. On ne se dit que des choses vraies.

On discute de la possibilité que la greffe ne fonctionne pas, et de ce qu'on fera si c'est le cas.

— D'abord, dit papa, j'ai confiance que ça va réussir. Mais, si Isabelle fait une autre rechute, on va entreprendre une autre chimiothérapie. Le traitement du cancer avance à pas de géants, vous le savez. À l'heure actuelle, on découvre de nouveaux médicaments, de nouveaux traitements. On ne sait pas à quelles découvertes on pourra assister dans un proche avenir.

Jasmine n'arrête pas de se tortiller dans son fauteuil.

— Cette conversation est purement théorique. L'organisme d'Isabelle ne rejettera pas ma moelle osseuse, affirme-t-elle en levant la main pour couper court à tout autre argument. Je sais que cette greffe va réussir. Ne me demandez pas comment je le sais, mais je le sais, c'est tout. Est-ce que mes prémonitions ne sont pas toujours justes ? Est-ce qu'on n'a pas toujours dit que j'avais l'intuition de grand-mère Fournier ?

Elle fait une pause et, nous regardant à tour de rôle, elle proclame :

— Alors, point final. Ainsi soit-il. Fin de la discussion !

On rit un peu et ça détend l'atmosphère. Le don de clairvoyance de Jasmine n'a jamais été un secret pour personne.

— Je pense qu'on devrait prendre des vacances en famille, quand tout ça sera fini, propose maman. On n'a pas pris de vacances depuis longtemps. Qu'est-ce que tu en penses, Georges ?

— Bonne idée. Qu'est-ce que du dirais d'un endroit… reposant ?

Croyant deviner leur pensée, je m'interpose catégoriquement :

— Oubliez ça. Pas de camping. Je refuse d'aller faire du camping !

— Et moi, vous ne m'aurez pas pour faire un long voyage en auto ! ajoute maman. La route, très peu pour moi !

— Et toi, Jasmine, qu'est-ce que tu en penses ? demande papa.

Jasmine lève les yeux, le regard rêveur.

— Il nous faut de l'eau, un endroit près de

l'eau où on peut flâner sur la plage et prendre des bains de soleil.

— Les Bermudes, suggère papa. Ou plutôt les Antilles. Tu aimerais ça, Isabelle ?

Il me regarde intensément, d'un air suppliant, les yeux pleins d'eau. Puis les larmes jaillissent comme une inondation soudaine et se mettent à couler sur ses joues.

— Isabelle, dit-il d'une voix imprégnée du chagrin de toute une vie. Isabelle, ma petite fille, mon bébé.

Et soudain c'est un concert de larmes, de larmes qui se transforment en sanglots. Et bientôt, on se retrouve tous dans les bras les uns des autres.

Je suis la première à me ressaisir. Je me redresse et me mouche un bon coup avant de leur faire un aveu.

— J'ai quelque chose à vous dire à tous les trois. Quelque chose que je veux que vous reteniez, quoi qu'il arrive.

Leurs regards sont rivés sur moi.

— Je n'ai plus peur. Je suis prête à accepter ce qui va arriver.

Et je me mets à leur citer les paroles d'Éric :

— On doit tous mourir un jour. Certains partent plus vite que d'autres, c'est tout. Ce qui compte, ce n'est pas la durée de la vie, mais son intensité…

Jasmine s'est attardée après le départ de mes parents.

— J'ai quelque chose pour toi, Isabelle, me dit-elle.

Elle tire quelque chose de la poche de son blouson. C'est une toute petite étoile en cristal enfilée sur une chaîne en argent. Ses doigts tremblent un peu pendant qu'elle la suspend, au poteau de mon lit.

— Oncle Édouard a dit un jour que j'avais l'étoffe d'une étoile. Il avait tort. C'est toi, l'étoile. Tu as toujours eu l'étoffe d'une étoile, même si tu ne le montrais pas jusqu'à présent.

Je ravale mes larmes et je m'efforce de contrôler ma voix avant de lui répondre.

— C'est vrai que tu es une étoile, Jasmine. Et ça n'a pas d'importance si je n'ai pas l'étoffe d'une étoile maintenant, parce que je l'aurai bientôt.

Je tends la main pour prendre la sienne et je lui dis :

— Parce que, quand je vais quitter cet hôpital, il y aura un peu de toi en moi.

Adieu, ma seule amie!

Star est unique en son genre…

Star fait tout avec style et humour. Mais son imagination et son humour ne peuvent la protéger de la fibrose kystique, une maladie mortelle dont elle souffre depuis sa naissance.

À cause de sa maladie, Star n'est jamais allée à l'école; elle n'a jamais été à la danse avec des filles de son âge; elle n'a jamais eu d'amie.

Quand sa maladie s'aggrave, Star est admise au Manoir de l'Espoir. Et, c'est là qu'elle fait la connaissance de Corinne. Celle-ci est une des filles les plus populaires de son école; elle a un amoureux; elle est tout ce que Star a rêvé d'être.

Corinne a toujours été en bonne santé. Les malades la mettent mal à l'aise. Elle a très hâte de retrouver une vie normale. Star n'ose pas lui dire la vérité sur sa fibrose kystique.

Lorsque Corinne découvrira à quel point elle est malade, Star perdra-t-elle sa première grande amie?

Les yeux du cœur

Jessica voit la vie sous un autre jour...

La meilleure amie de Suzanne, Jessica, est jolie, intelligente et possède de véritables talents artistiques. Elle a tout pour attirer l'attention des autres.

Ce n'est pas facile d'avoir une amie telle que Jessica; quelquefois, Suzanne se sent plutôt moche par comparaison.

Un jour, Suzanne est le témoin impuissant d'un accident; Jessica se fait renverser par une voiture. Ses blessures ne sont pas graves, mais la cause de l'accident est bouleversante : Jessica, petit à petit, perd la vue.

Jessica s'éloigne de ses amis, de sa famille et surtout de sa passion : l'art. Elle se referme peu à peu sur elle-même.

Suzanne arrivera-t-elle à persuader Jessica que le talent d'une artiste ne réside pas dans ses yeux, mais dans son cœur?

Le secret de Kim

Kim a un secret...

Kim, qui vient tout juste de déménager de Clermont à Somerval, doit faire face aux problèmes habituels : s'adapter à une nouvelle école, s'habituer à une nouvelle maison, se faire de nouveaux amis. Mais il y a une chose à laquelle elle ne peut pas s'habituer : la terrible maladie qu'elle a contractée lors d'une transfusion sanguine.

Forcée de quitter Clermont à cause du traitement horrible que lui réservaient ses camarades et ses voisins, Kim s'est juré que personne, à Somerval, ne connaîtrait son état. Suivie par une conseillère au Manoir de l'Espoir, elle y fait la connaissance de David, un jeune bénévole atteint de leucémie. Son soutien et son amour lui redonneront le courage de profiter de la vie.

Mais l'état de David s'aggrave dangereusement, et Kim se demande pendant combien de temps elle pourra se raccrocher à son nouveau bonheur.

L'enfer de Zabée

La vie de Zabée est un enfer…

Depuis des mois, elle ne pense qu'à s'empiffrer de nourriture pour ensuite la régurgiter. Mais lorsque la boulimie devient un danger mortel pour elle, on l'admet au Manoir de l'Espoir, une résidence destinée aux jeunes gravement malades.

Zabée n'accepte pas ce séjour forcé au manoir. Elle ne pense plus qu'à une chose : s'enfuir.

Lorsqu'elle apprend qu'une autre adolescente vient partager sa chambre, elle est furieuse. Et sa fureur redouble d'intensité à l'arrivée de Laurence Quesnel. Depuis sa plus tendre enfance, Zabée connaît cette belle fille chez qui la perfection semble innée. Et pourtant il s'avère que Laurence n'est pas aussi parfaite qu'on le croit : elle est anorexique.

Ces ennemies de toujours sont maintenant réunies dans un complot pour s'évader du manoir. L'aventure qui les a rapprochées va-t-elle mettre leur vie en danger ?

Vivre sans Julie

Élisa et Julie, quelle équipe!

Élisa et Julie, les jumelles identiques, se font remarquer dès leur arrivée à leur nouvelle école. Leur popularité grandit encore lorsqu'elles deviennent meneuses de claque.

Cette année scolaire promet d'être mémorable quand, tout à coup, tout bascule: Julie doit se faire traiter pour une tumeur au cerveau.

Élisa ne peut plus penser à autre chose qu'à sa jumelle. Elle se désintéresse de l'école et néglige ses amis pour passer son temps à prendre soin de Julie.

Élisa est prête à tout pour aider sa sœur à guérir. Il le faut parce que, si sa jumelle meurt, elle n'est pas sûre d'être capable d'affronter la vie toute seule.